나의 삶을 바꾸는
필사 독서법

나의 삶을 바꾸는 필사 독서법

초 판 1쇄 2021년 04월 27일

기획자 김도사
지은이 권마담, 김경화
펴낸이 류종렬

펴낸곳 미다스북스
총괄실장 명상완
책임편집 이다경
책임진행 박새연, 김가영, 신은서, 임종익

등록 2001년 3월 21일 제2001-000040호
주소 서울시 마포구 양화로 133 서교타워 711호
전화 02) 322-7802~3
팩스 02) 6007-1845
블로그 http://blog.naver.com/midasbooks
전자주소 midasbooks@hanmail.net
페이스북 https://www.facebook.com/midasbooks425

© 권마담, 김경화, 미다스북스 2021, *Printed in Korea*.

ISBN 978-89-6637-903-3 03190

값 15,000원

나의 삶을 바꾸는
필사 독서법

오래 기억하는 것을 넘어 인생을 변화시키는 필사의 비밀!

김도사 기획 | 권마담 · 김경화 지음

미다스북스

필사 독서법으로 아웃풋 인생을 성취하라!

저자는 20대부터 독서, 영어, 운동 등 자기계발을 열심히 하는 직장인이었다. 열심히 살면 내 삶이 크게 달라질 거라는 희망이었다. 즐거웠고 행복했다. 그렇게 10년이 흘러 30대가 되니 '열심히'보다 더 중요한 것은 '제대로' 사는 것임을 깨달았다. 제대로 살아야 세상이 말하는 스펙이나 결과가 있다. 그 결과로 '나'라는 사람이 세상에 의해 정의가 된다. '나'라는 정의는 세상이 만들어놓은 기준에서 만들어진다.

저자는 30대에 제대로 살기로 마음먹었지만 결국 가난과 스펙의 경쟁에서 무너졌다. 삶의 출발점으로 돌아온 것 같았다. 무엇을 위해 그렇게 열심히 살았을까? 누구를 위해 그렇게 열심히 살았을까?

남들이 하니까, 책에서 알려주니까, 사는 대로 생각하고 있었다. 스스로 무엇을 진정 원하는지, 나답게 사는 것이 무엇인지, '나'에 대한 의문도 없이 그냥 살아왔던 것이다. 자신의 생각대로 사는 삶이 아닌 남의 생각대로 사는 삶이었던 것이다. 진짜 변하고 싶어서 생각을 뒤집었다. 남의 생각대로가 아닌 자신의 생각대로 삶을 살아보기로 결심했다.

처음엔 '내 생각'을 한다는 것이 어려웠다. 그래서 성공자의 생각에서 영감을 얻기로 했다. 그것이 바로 저자가 말하는 '필사 독서법'이다. 성공자의 위치에서 생각하고 그 의미를 풀어내면 한층 더 높은 생각으로 이어진다. 당신도 오프라 윈프리의 수준 높은 생각을 가져올 수 있다. 당신도 윤동주 시인처럼 감성적인 생각을 할 수 있다. 눈으로 읽으면 남의 생각을 읽는 독서에서 끝난다. 손으로 쓰고 생각을 곁들이면 내 생각이 지혜가 된다.

저자는 독서를 하면서 좋은 문구는 따라 쓰고 또 따라 썼다. 특히 자신의 의식사고를 높여 주는 책들을 고르고 골랐다. 그리고 마음에 드는 문장을 한 글자 한 글자 써 내려갔다. 그러다 생각들이 이어지면 여백에다가 과감히 자신의 생각을 썼다. 씀으로써 생각들이 정리되며 집중 몰입이 되었다. 집어넣기만 하던 인풋 인생에서 아웃풋 인생이 된 것이다. 그때부터 삶이 뒤집어지기 시작했다.

자신의 생각을 표현하고 꺼낸다는 것은 창조의 과정이다. 처음엔 생각보다 쉽지 않다. 필사를 하며 손이 기억하고 뇌가 기억하는 과정을 거친다. 뇌가 기억하면 영감이 흐르기 시작한다. 생각을 표현하는 힘이 자연스러워진다. 끊임없이 묻고 답하는 습관이 형성된다. 어느샌가 자신을 표현하는 글쓰기는 그냥 자연스럽게 된다. 자신이 무엇을 좋아하고 무엇을 잘하는지 스스로 찾게 된다.

자신의 정의는 오직 자신만이 할 수 있다. 사람마다 잘하는 것이 다르고 좋아하는 것이 다르기 때문에 자신만의 영역을 찾아야 한다. 창조의 힘으로 영감이 넘치는 삶을 살게 된다. 자신이 얼마나 가치 있는 사람인지, 얼마나 특별한 존재인지를 알게 된다. 가슴 뛰는 꿈도 만나게 된다.

'필사 독서법은 가장 느린 독서이지만, 가장 깊은 곳의 나를 바꾸는 독서법이다.'

이 책에는 저자들의 의식을 바꿔준 특별한 책들이 소개되어 있다. 필사 독서법을 처음 시작하는 사람이라면 큰 도움이 될 것이다. 의식을 높여주는 필사 독서법의 7가지 원칙을 통해 나 자신을 만나고, 삶을 바꾸는 귀한 시간이 되길 바란다.

2021년 4월 권마담

목차

2장 독서에 필사를 더하다

5장 필사의 기적, 쓰면 이루어진다

1장

필사 독서가
남는 독서다

필사, 당신도 할 수 있다

새해가 되면 많은 사람이 자기계발을 위하여 새해 계획을 세우고 실행하고자 애쓴다. 새해 계획을 실행하는 사람도 있고 새해 다짐이 작심삼일로 끝나버린 사람도 있을 것이다. 그러나 지금은 시작하기 좋은 시기여서 또다시 계획을 실행하고자 일어설 기회가 많다. 아직까지는 많은 사람이 작심삼일이어도 다시 계획을 세운다.

내가 쓴 원고도 『새벽 독서의 힘』이라는 제목으로 책이 되었고, 그로 인해 작가라는 타이틀을 달 수 있었다. 새해 계획으로는 작가의 이미지에 맞게 책을 2권 이상 쓰기로 계획하고 있다. 『새벽 독서의 힘』을 온전히 필

사의 힘으로 써냈다고 해도 과언이 아니다. 작년에 〈한국책쓰기1인창업
코칭협회〉(이하 〈한책협〉)의 대표 코치인 김도사님을 만나고 좋은 의식
발전에 관한 많은 책을 보면서 필사를 시작했다. 하루 새벽에 5~6권의
분량을 일정하게 필사하면서 꾸준히 새벽 필사 독서를 1~2시간 진행하
고 있다. 필사 독서는 나의 의식을 빠르게 상승시켜주고 의식을 확장시
켜 일반 독서하는 사람보다 빠른 발전을 이루었다.

주변이나 SNS를 보면 책을 좋아하고 책을 읽는 사람이 많다. 그러나
그들은 그냥 독자에 머물렀다. 아직 자기 이름으로 된 책을 써내지 못하
였다. 〈한책협〉의 김도사님은 늘 수강생들에게 "성공해서 책을 쓰는 게
아니라 책을 써서 성공한다."라고 말씀하신다.

호랑이는 죽어서 가죽을 남기며 사람은 누구나 이 세상에 왔다 갔노라
자기 이름을 남기기를 원한다. 자기 이름을 남기는 길은 책을 써서 나의
분신인 책을 남기는 것이다. 책의 ISBN 번호는 오직 나만의 유일한 번호
이다. 박물관에 보존되어 있다.

그럼 여기서 나를 작가로 만들어준 큰 공신인 필사를 한번 살펴보자.
필사란 베껴 쓰다. 필사는 펜으로 직접 쓰는 것과 타이핑하는 방법이
있다.

첫 번째는 펜으로 하는 법이다. 나는 처음으로 필사를 했을 때 펜으로 했다. 독서를 하면서 손끝에 힘을 주어 베껴 써 내려가면 온몸이 책의 영양분을 쭉쭉 빨아들이는 것 같은, 나에게 집중되는 에너지를 느낄 수 있다. 한 글자씩 또박또박 써 내려가면 저자가 무슨 의도로 그 책을 썼는지 느껴볼 수 있다. 이때 온몸에서 전율이 느껴지며 뿌듯함을 느끼는데, 처음으로 책 한 권을 다 읽었을 때보다 더 강한 행복감을 가졌다.

두 번째로 책의 내용을 타이핑하는 것이다. 책을 보면서 많은 양의 타이핑을 하고 타이핑 끝난 다음에는 오타가 없나 다시 한 번 확인하는 작업을 한다. 책을 타이핑하면 그냥 펜으로 베껴 쓸 때와는 달리 한 번 더 읽게 된다. 책의 내용이 하나하나 컴퓨터로 옮겨지면서 나를 위한 콘텐츠가 되어간다. 또한 타이핑 필사는 나를 위한 것이기도 하지만 타인을 배려하는 마음으로 이루어진다. 사람들과 좋은 내용을 공유할 때 행복이 넘친다. 메신저의 역할을 하게 된다.

책을 필사하면서 반복적으로 2~3번 정도 읽기 때문에 필사는 어찌 보면 가장 늦은 독서가 될 수 있다. 요즘 사람들은 쏟아져 나오는 많은 책들 속에서 한 권이라노 더 읽고 새로운 정보를 뇌에 넣는다. 이런 시대에 필사 독서를 한다는 것은 대중의 흐름과 반대 방향으로 가는 것일 수도 있다.

그러나 나는 필사를 고집한다. 특히 의식을 성장시키고 발전하는 책을 필사하면 내 의식이 성장하고 발전되어 새로운 좋은 에너지가 만들어지는 것을 느낀다. 필사는 책에 대해 깊은 이해를 하게 하며 일반 독서보다 더 깊이 책의 내용에 집중하게 한다.

어느 유튜버가 자신은 많은 책을 읽고 나름대로 정리하고 기록하면서 자기 관점을 적는데, 책을 전체적으로 필사해본 경험이 없다는 이야기를 하는 것을 들었다. 그 많은 책을 읽으면서도 그는 책 전체 필사를 한 번 해보지 않았다는 게 놀랍다.

한 권의 책을 전체적으로 필사를 하면 한 권을 완독하는 것이다. 물론 세상이 바삐 돌아가다 보니 필사를 전체적으로 하지 않고 부분만 할 수도 있다. 그러나 나는 여전히 처음으로 책을 접하는 사람들에게는 전체적인 완독 필사를 권하고 싶다.

그런 이야기를 들을 때 필사에 자부심을 느낀다. 책 한 권 안 읽는 사람이 책 한 권 완독하면서 작은 성취감을 이루면 책 읽기에 관심을 가지고 두 번째 책을 읽을 수 있다. 특히 처음으로 책을 읽으려고 하는 사람은 의도적으로 필사를 할 필요가 있다. 왜냐하면 필사를 하면 온몸이 기억하는 독서를 하기에 책의 내용에 더 집중하게 되기 때문이다. 그러다 보면 책의 내용을 다 필사하고 싶은 충동이 일어날 정도다.

다만 독서를 시작하는 것도, 필사를 하는 것도 의도적인 노력이 필요하다. 독서를 하고 삶을 바꾸고자 하는 의도적인 노력으로 새로운 것을 창조한다. 새로운 습관을 만들어내면 우리가 살아가는 데 더 놀라운 일이 일어난다.

나는 필사를 하면서 단기간에 의식이 발전함을 느꼈다. 긍정적인 마음도 자리 잡게 되고 사람을 더 수용할 수 있다는 점이 좋다. 2020년 9월부터 책 전체를 필사하면서 현재까지 많은 양을 필사했다. 『자본 없이 콘텐츠로 150억 번 1인창업 고수의 성공 비법』, 『100억 부자 생각의 비밀 필사 노트』, 『부와 행운을 끌어당기는 우주의 법칙』, 『세상은 당신의 명령을 기다리고 있습니다』, 『미친 꿈에 도전하라』, 『하루 10분 글쓰기의 힘』 같은 책은 100% 필사 완료한 책들이다. 『허공의 놀라운 비밀』, 『습관의 완성』, 『독설』, 『상상의 힘 - 네빌 고다드 강의』은 현재 80% 이상 필사 완료했다. 『초인 대사들이 답해주는 삶의 의문에 관한 100문 100답』(이하 『초인대사 100문 100답』), 『행복하다고 외쳐라』, 『독설』은 지금 필사하고 있는 책들이다.

이렇게 짧은 시간에 많은 필사를 하면서 책을 이것만 읽은 게 아니다.

임계점까지 도달할 정도의 책을 읽었다. 짧은 시간에 책을 많이 읽을 수 있는 것은 필사를 하면서 책에 집중할 수 있는 힘이 생겼기 때문이다.

『초인대사 100문 100답』을 필사하면서 인생의 많은 영적인 부분을 배우고 수용하고 사랑하는 방법을 배운다. 『행복하다고 외쳐라』를 필사할 때마다 속에서 행복의 느낌이 올라와서 날마다 행복을 느끼고 내면이 충만해진다. 『독설』의 필사를 통해서는 1인 창업 마인드를 배운다. 순간순간 '부자들은 이렇게 생각하고 이런 마음가짐을 가지는구나.' 하고 느끼며 부자의 공부, 마음공부, 습관을 배운다.

새벽마다 필사를 하면서 행복으로 내면을 충만하게 채워가니 온몸에 긍정적인 힘이 생겨난다. 나는 이 모든 일을 하면서 요양보호사 생활까지 하는데 전혀 지치지 않는다. 직원들 사이, 어르신들과의 관계에서 선임 선생님들은 많은 스트레스를 받고 힘들어하는데 나는 그들이 이야기하는 만큼 힘들지 않다. 필사 덕분에 내면에 긍정적인 힘이 생겨났음을 다시 한 번 확인할 수 있다.

변화가 빠른 시대, 한 번쯤은 현재의 흐름과 다른 방향으로 가봐야 하지 않을까? 독서해야 함을 알면서 아직 독서를 하지 못하고 있는 사람들이라면 필사 독서를 한번 시도해보시기를 권한다. 필사 독서로 독서의 습관이 단단히 뿌리내리고 삶이 바뀌는 상황을 상상하면서 오늘도 나는 행복하게 필사를 하며 하루를 시작한다. 진짜 필사는 즐기는 사람들의 특권이다. 당신도 한번 필사를 시작해보라. 멋진 의식을 바꿀 수 있는 책을 보면서 필사하고 필사의 결과를 맛보라고 강력히 추천하고 싶다.

1 - 2

필사는 놀라운 경험이다

처음 필사를 시작할 때 나는 자존감이 없었고 스스로 '나는 없다'라고 부정했다. 너무 힘이 들어서 삶에서 도망가고 싶었다. 내 삶의 무게를 감당하기 힘들었다. 자녀도 남편도 다 감당하기 너무 힘들었다. 사는 게 사는 것이 아니다. 그때 사기까지 당하면서 완전히 죽지 못해 사는 폐인의 삶을 살고 있었다. 꿈도 그 무엇도 없었다.

사람들이 삶이 너무 힘이 들면 자살을 한다. 그들은 죽는 게 두려워서 자살하는 것이 아니라 살아가는 게 두려워서 자살을 시도한다. 나도 그렇게 죽고 싶었으나 부모님을 생각하면 더더욱 죽을 수는 없었다. 죽지 않으면 나는 살아가야 한다. 지옥 같은 삶을 나는 어떻게 살아갈까? 나는 어떻게 이 힘든 삶을 감당해갈까?

　그때 시작한 『성경』 필사는 나를 살게 하였다. 새벽마다 하루 한 장씩 필사해가면서 삶을 회복하기 시작했다. 책을 읽기 시작했고 많은 독서를 하면서 점점 꿈도 생겨났다. 『성경』 필사를 하면서 나는 일부러 요한계시록부터 거꾸로 읽으면서 필사를 했다. 앞부분들은 처음부터 시작해서 읽었기에 마지막 부분부터 필사하는 것이 좋을 듯 싶었다. 특히 요한계시록은 우리 인간에 대한 예언이다. 두려운 심판이 기다리고 있다는 것이다. 그중에서 택한 사람들이 그 심판을 이겨내고 마지막까지 남아 천국 잔치에 참여할 수 있다.

　『성경』 필사를 하면서 힘이 되는 구절들을 머리와 가슴에, 잠재의식 속에 또박또박 각인시키기 시작했다.

　각인된 잠재의식은 나에게 올바른 꿈을 가지고 세상을 바로 볼 수 있도록 이끌어간다. 날마다 하는 필사는 나의 가슴을 뛰게 하였다. 일단 새벽에 필사한다는 자체가 많은 사람과 차별화된 것이다. 많은 사람은 눈으로 보기만 하는 독서를 하고 있다. 책도 깨끗하게 사용하고 옆의 빈자리에 메모도 하지 않고 밑줄도 긋지 않고 책을 보기만 한다. 물론 두 번째 다시 보기 위함도 있다. 또는 중고로 팔 수도 있다. 책 나눔을 하기 위한 것일 수도 있다.

그러나 나는 그렇게 아무 흔적도 표시도 하지 않으면 책 속의 내용이 도망갈까 두려워서 항상 여백에 메모하고 밑줄을 긋고 형광펜으로 칠을 하면서 책을 읽는다. 바쁜 현실에 책을 읽는 것도 시간을 쪼개고 시간을 만들어서 책을 읽는다. 아까운 시간을 낭비하고 싶지 않다.

책을 읽으면서 나는 그 책 속에서 무언가를 배우기 위해 아까운 시간을 내서 책을 읽는다. 그러기에 나의 독서는 전투적이고 전략적이었다. 나는 독서에 목숨을 걸었다. 어차피 죽고 싶었던 내가 목숨을 걸어봐야 손해 볼 것이 없다. 독서를 하다가 죽은 사람은 없다. 독서를 하다가 죽어도 내 목적을 이룰 수 있어서 더 좋다. 이 세상을 떠날 수 있어서 지긋지긋한 삶에서 벗어날 수 있어서 좋다. 이것도 좋고 저것도 좋으니 당연히 독서에 목숨을 걸고 독서를 했다. 무슨 일이나 목숨을 걸고 '죽으려고 하는 자는 산다'는 말이 『성경』에도 있다.

그렇게 죽기 살기로 한 독서는 필사 독서로 이루어졌고 필사 독서가 삶의 일부가 되기 시작했다. 새벽에 일어나면 무조건 필사부터 한다. 『성경』 필사를 하지 않으면 하루 종일 아무것도 하지 않은 것처럼 허전했다.

항상 필사는 1순위에 세워놓고 그다음에 다른 삶을 살아갔다. 농부로서 밭일하러 갔고 직장 다닐 때는 직장도 다녔다. 필사를 하면서 책을 읽는 것이 그냥 책 읽기보다 많이 더디다. 그러나 필사의 노력으로 책 한 권을 다 읽고 또 다른 책을 읽으면서 또 한 권의 필사가 끝나면 다른 한 권으로 필사가 이어졌다. 새벽 필사로 이어지는 독서는 독서의 습관을 단단하게 하고 독서하면서 깊은 이해를 가지게 한다. 특히『새벽 독서의 힘』의 초고를 쓸 때 필사는 더 성숙된 독서를 하도록 이끌어 갔다. 필사는 필력을 향상시켰고 필사는 알게 모르게 나의 어휘력을 높여주었다. 날마다 필사를 하면서 어느새 필사가 몸에 배었고 필사가 이미 내 삶의 한 부분이 되었다. 필사가 아니었으면 1년에 책 몇 권을 읽지 않던 내가 어떻게 독서에 미치고 어떻게 책을 써낼 수 있겠는가? 책은 원고 A4지로 100장 이상 써야 한다. 책 쓰기를 해보지 않았던 내가『새벽 독서의 힘』을 쓸 때 〈책 쓰기 과정〉 수료 후 3주 만에 원고를 완성하고 출판사와 계약했다.

그렇게 빨리 출판할 수 있었던 이유는 첫째, 〈한책협〉의 시스템이다. 대표코치 김도사님은 책 쓰기 코칭과 관련해 특허를 받았다. 훌륭한 코치와 좋은 시스템으로 책 쓰기는 물론 출판까지 일사천리로 할 수 있었디. 둘째, 필사의 힘이다.『새벽 독서의 힘』을 계약할 때 출판사 담당자가 내 원고를 보면서 두 가지를 말했다. 제목이『새벽 독서의 힘』인 만큼 책 전체적으로 새벽 독서에 대해 통일성 있게 다룬 점과 또 필사를 많이 해본 것 같다고 했다. 분명 그는 나의 원고에서 필사의 흔적을 느꼈을 것이다. 그 말씀을 들은 나는 더 필사에 목숨을 건다. 지금도 직장 다니면서 새벽 필사를 하고 있다. 많은 사람은 새벽에 독서도 못 하고 있는데 나는 새벽에 일어나서 필사를 하고 있으니 필력이 향상될 것은 당연한 일이다.

나름대로 필사하면서 깨닫는 것이 많다. 필사는 나를 구원하였다고 해도 과언이 아니다. 나는 필사로 살아났고 책을 쓰겠다는 꿈을 가졌고 『새벽 독서의 힘』이라는 결과를 만들어냈다.

필사는 기록의 일종이다. 공저자인 〈한국석세스라이프스쿨〉 대표 권마담님은 늘 작가의 삶은 기록의 연속이라고 했다. 책을 필사하면 일단 책의 내용이 컴퓨터에 입력된다. 그다음에 컴퓨터에서 좋은 내용은 따로 다른 콘텐츠로 만들어지기도 한다. 한 문장이나 한 구절이나 새로운 또 무엇인가를 생산한다.

처음에 연필로 필사를 할 때 책의 내용들이 타이핑보다 더 뜨겁게 느낄 수가 있지만 다른 콘텐츠를 만드는 데는 이미지화뿐이다. 그때부터 타이핑 필사를 한다. 타이핑 필사는 책의 내용을 요리사가 이리저리 가공하고 요리하듯 컴퓨터에서 여러가지로 콘텐츠를 만들어낼 수 있어서 좋다.

정조 역시 기록을 남기는 사람이었던 것이다. 맞는 말이다. 옛날부터 사람이 기록을 남기지 않았으면 어찌 더 나은 발전을 해왔을까? 지금 까지 이룬 발전은 모두 기록이 있었기에 그 기록보다 더 발전하는 현실을 구현한다.

독서를 하고 싶고 아직 생각에만 머무르고 있다면, 독서를 미룬다면 지금 당장 필사 독서를 시작하라. 가슴을 울리는 한 구절이라도, 10분이라도 필사를 시작해보라. 머뭇거리는 순간 시간이 낭비된다.

성공한 사람은 시간을 낭비하는 것이 아닌 시간을 생산적으로 활용하여 더 나은 결과를 만들어낸다. 따라서 성공한 사람은 시간을 소중히 여기고 한정된 시간을 배로 사용할 줄 알고 있다. 대부분 성공한 사람은 새벽에 일어나서 시간을 생산적으로 사용한다. 우리노 따라 배워 무엇인가를 이루기 위해 힘쓰고 애써야 한다. 시간 관리가 인생 관리다. 새벽 필사는 내 인생을 내가 멋지고 아름답게 창조할 수 있도록 한다.

한 권의 책이 인생을 바꾼다

요즘은 인스타그램이나 페이스북이나 블로그나 여러 매체가 발달하여 많은 사람이 SNS를 이용하고 활용하며 날마다 SNS의 바다에서 헤매고 있다. 어떤 사람은 그냥 자신의 일상을 올리며 '좋아요' 받는 목적인 사람도 많지만 SNS 활용으로 많은 젊은 부자들도 있다. 이런 젊은 부자들을 배워나가야 한다.

지금 나는 『초인대사 100문 100답』을 책 전체를 필사하고 있다. 필사하는 내용을 블로그나 카페나 인스타그램이나 페이스북에 공유한다. 이 책을 받고 읽어보면서 너무 놀랍고 이런 책을 볼 수 있다는 자체가 너무 행복해서 많은 사람과 공유하고 싶어졌다.

이 책의 머리말에서 '영적인 힘을 일상생활에 적용할 수 있게 하기 위해 에버츠 부부는 살아가면서 부딪치게 되는 100가지 질문에 대하여 상승한 마스터들에게 답변을 받아 정리했다.

모든 사람이 새천년의 에너지를 이용해서 자신들의 영적 진동수를 끌어올리기를 바라고 영성이라는 것은 일주일에 한 번씩 교회나 절에 들러 예배하는 데 국한되어 있지 않다.

즉 영성은 일상생활 속에서 우리가 행하는 모든 행동과 생각 속에서 활용되어야 한다는 것을 모든 이가 하루 빨리 깨우치기를 원하는 바에서 기록하였다'고 한다.

"삶의 모든 과제와 문제를 영적인 측면에서 어떻게 다루어가야 하는가?"

전반부에서 인간세상의 거의 전부에 대한 문제를 제기하고 직접 상승한 대사들에게 질문하고 답변하는 형식으로 나오고 후반부에서는 영적인 문제와 에고에 관하여 우리가 지구별에 온 소명과 지구별에서의 개인

적 계획과 세계적 계획, 빛의 일꾼, 우리의 천사적 존재임에 대해 이야기
하였다.

내가 본 의식을 확장시켜주는 책들로는 『초인생활(초인들의 삶과 가
르침을 찾아서)』과 『부와 행운을 끌어당기는 우주의 법칙』, 『실존하는 신
비의 지저문명, 텔로스(TELOS)』, 『1700년 동안 숨겨진 절대 기도의 비
밀』, 『상상의 힘』, 『확신의 힘』, 『왓칭』, 『허공의 놀라운 비밀』, 『나는 누구
인가』, 『인생 1대1 멘토』, 『우주는 당신의 느낌을 듣는다』, 『네빌링』, 『네빌
고다드의 5일간의 강의』, 『믿음으로 걸어라』, 『세상은 당신의 명령을 기
다리고 있습니다』, 『웰컴투 지구별』, 『내가 임사체험 후 깨달은 것들』, 『이
미 이루어진 것처럼 살아라』, 『죽음』, 『유인력 끌어당김의 법칙』, 『신과 나
눈 이야기』, 『수호천사』, 『리액트』, 『기억』, 『잠재 의식의 힘』, 『네빌고다드
의 부활』, 『네빌고다드 라디오 강의』, 『우리는 신이다』, 『리얼리티 트랜서
핑』, 『디바인 매트릭스』, 『람타 화이트북』, 『신과 나누는 우정』, 『삶으로 다
시 떠오르기』, 『깨어나세요』, 『트랜서핑의 비밀』, 『제로원』, 『세스 매트리
얼』, 『웨이아웃』 등이 있다. 이런 책들은 모든 인간은 영적인 존재이면서
육체의 장막에 쌓여 있고 육체의 장막을 벗어나면 더 행복하고 자유로운
영적인 원래의 존재를 회복하는 것이라고 한다.

이런 책들을 읽으면서 깨달은 인간이 원래 영적이라는 사실은 자존심

이 바닥난 나를 다시 세워주었다. 이런 책들은 한번 읽으면 계속 거기서 연결된 것들을 찾게 한다.

『초인대사 100문 100답』은 인간의 모든 문제를 다 다룬 책이다. 이 책을 혼자 읽는 것이 너무 아까웠다. 그래서 많은 사람이 삶이 행복해지고 충만해지기를 원하면서 이 책을 나누기를 100일이 되어간다.

이 책을 필사하면서 카페, 페이스북, 인스타그램, 트위터에 공유한다. 많은 사람이 '좋아요'를 눌러주고 댓글을 달아준다. 대부분 댓글 달아주는 사람들은 '대단하다'라는 댓글을 달아준다. 또 나의 필사로 좋은 책 볼 수 있어서 행복하다고 이야기한다. 필사를 하면서 책의 내용이 '나'뿐만 아니라 다른 사람에게도 큰 도움이 될 수 있어서 좋다.

언젠가 페이스북에 이 책이 나의 인생 책이라고 올린 적이 있다. 그에 댓글 단 사람이 자신의 인생 책에 대해 다시 한번 생각해본다고 했다. 공유한 책의 내용을 보면서 많은 사람이 '좋아요'를 눌러줄 때 나는 내가 고생해서 필사를 하는 보람이 있다고 생각한다. 나의 필사로 많은 사람이 좋은 책을 읽고 공유하고 인생에 관한 많은 것을 배울 수 있어서 좋았다.

오직 순수한 사랑의 마음으로 필사를 하니 날마다 삶이 충만하다. SNS

에 많은 사람이 한 구절이나 한 문장을 공유해준다. 필사 관련 모임도 많이 찾아볼 수 있다.

많은 사람의 공유로 필사는 날마다 나에게 새 힘을 준다. 나로 하여금 몇 천 명이 팔로우 해주게 한다. 현재 인스타 팔로워가 2,500명이 넘는다. 하루에 '좋아요'만 해도 몇 백 개씩 있다. 인님들의 '좋아요'는 SNS를 점점 더 키워나갈 자신감을 준다. 더 열심히 SNS를 하고 더 열심히 삶을 오픈한다.

SNS는 1인 창업의 기본이다. SNS는 점점 우리를 연결하고 사생활이 없어지도록 한다. 또 온라인에서 많은 사람을 만나고 관계를 유지하게 한다. SNS를 빼고 마케팅을 할 수 없다. 대기업에 취직할 때도 SNS의 활용도와 팔로워수를 보고 입사시키는 경우도 많다.

SNS의 활용은 필수다. 그래서 얼마 전 한국평생학습진흥원에서 주최하는 '마케팅지도사'와 'SNS마케팅전문가1급' 자격증을 땄다. 이것을 딴 목적은 더욱더 SNS 활용을 하기 위해서이다. 그리고 다른 주변의 사람들에게 작가와 함께하는 독서 모임과 그로 인한 여러 가지 코칭 기회를 만들기 위해서다. 지금은 준비 단계이고 준비 과정에 있지만 시간이 지나면 더 성숙한 SNS 마케팅지도사가 될 수 있다.

『행복하다고 외쳐라』, 이 책도 지금 필사를 하는 책이다. 모든 행복을 논한 이 책은 무조건 행복하고 싶어서 필사를 무리하게 시작했다. 이 책을 필사하면서 진정한 행복이 너무나 아름답다는 것을 배운다. 사람들은 누구나 행복하게 사는 게 최대의 꿈이라고 말해도 과언이 아니다. 이 책에서 우리가 행복하기 위해 놓치는 많은 것들을 가르쳐주고 있다. 행복하기 위해서 멀리 있는 파랑새를 찾아가지만 파랑새는 정작 가까이 있다는 것이다. 행복은 우리가 가지고 있는 것에서 찾을 수 있다.

이 책은 시중에서 이미 절판된 책이다. 어렵게 구한 이 책은 필사를 하면서 더 많은 행복을 지금부터 누리라고 한다. 잠자는 행복을 꺼내야 한다고 한다. 누구나 다 행복할 권리가 있다.

사람마다 행복에 대한 기준이 다르다. 그래서 각자가 행복하기 위해서 노력하고 애쓰고 있다. 나는 독서하는 것이 행복하고 특히 필사 독서를 하고 책을 쓰는 것이 행복하다. 이 책에서 '진정한 행복은 타인에게 가치 있는 봉사를 함으로써 얻을 수 있다. 즉 세상에서 제 몫을 하고, 남에게 도움이 되려고 노력하고, 세상을 더욱 살기 좋은 장소로 만들기 위해 노력할 때 우리는 행복해질 수 있다'고 밀한다.

나는 타이핑 필사를 하는 것이 나도 타인도 위하는 것임을 안다. 그러기에 나의 필사는 즐겁고 다른 사람에게 도움이 되고자 노력하기에 필사하는 나는 행복하다. 날마다 『행복하다고 외쳐라』를 필사하면서 나는 행복한 마음으로 하루를 시작한다. 출근해도 기분 좋은 마음으로 일을 할 수 있고 생계를 위한 직장 생활을 기쁘게 하니 삶이 즐거울 수밖에 없고 충만한 에너지는 다른 사람들을 행복하게 한다.

오늘 내가 살아가는 이유

    주변 사람들에게 왜 사냐고 물으면 사람마다 다 다르다. 각자 자신이 원하는 것이 있고 그것을 위해 살아간다. 전에는 나는 스스로에게 물어보았다. '왜 살아가는가?' 하나님께 기도해도 답변이 없었다. 그때는 하나님의 소리가 귀에 들리는 것처럼 착각했다. 교회의 많은 목사님이나 장로님이나 권사님이나 집사님들이 하나님의 음성을 들었다고 했다. 그래서 나도 하나님의 음성을 듣기를 원했다. 그러나 음성은 들리지 않았다. 나중에 책을 읽으면서 하나님의 메시지는 느낌으로 알 수 있다는 깃을 알았다. 『성경』 읽을 때는 『성경』 내용을 잘 이해하지 못했는데 지금은 의식에 관한 책을 읽으면서 『성경』 내용이 눈에 보인다.

지금 나는 행복하기 위해 살아간다. 나는 직장 다니지 않고 가정과 자녀를 돌보면서 집에서 일을 하고 직장 다닐 때보다 더 많은 수입이 생기면 좋겠다고 소망한다. 요양보호사로 직장에 다니는 데 오가는 시간까지 하루 11시간을 직장에 매달려야 하는데 출근 시간에 맞춰 7시 20분에 집에서 나가야 하는 사실이 편하지 않다. 아이들이 아직 어리고 엄마의 도움이 필요하다.

올해는 큰아이가 중학교에 들어가고 둘째는 초등학교 6학년, 막내는 2학년이 된다. 한 달 동안 아이들이 방학이라서 아이들끼리 집에 있게 되었다. 잘 챙겨 먹지도 않고 음식도 제대로 간수하지 않아서 아이들이 장염을 자주 앓았다. 아침에 내가 밥을 해놓고 가도 입맛에 맞지 않는다며 먹지 않는다. 방학을 누리면서 늦게까지 각자 하고 싶은 걸 하다가 한낮이 되어야 일어난다. 이런 상황은 나로 하여금 직장에 얽매이지 않으며 편하게 지내고 싶도록 만든다.

작가로서 책을 쓰고 그 책으로 1인 지식창업을 하는 것이 경제적 자유를 누릴 수 있는 길임을 나는 〈한책협〉 김도사님께 배웠다. 본인이 자수성가하고 책을 쓰는 길만이 자기계발의 끝임을 알기에 다른 사람들도 책을 쓰고 성공하기를 바란다. 자기 자신처럼 행복하게 일하고 경제적 자유를 이루라고 하면서 제자들이 하나라도 더 배워서 자신의 삶에 적용하기를 바라는 마음이 늘 나에게는 든든함을 준다.

『새벽 5시 필사 100일의 기적』중에 이런 구절이 있다.

"내가 선택한 결과는 나의 몫이다. 실패도 교훈이 되고 성공도 보장된다. 성공의 기준은 내가 정하면 된다. 하지 않는 것이 실패이지, 도전하는 것은 성공한 삶이다. 내가 아무것도 가진 것이 없지만 외국으로 떠난 것처럼 말이다. 이제 당신 차례이다. 당신만의 성공 기준을 가지고 도전하라. 당신의 미래는 당신의 것이다."

이 구절을 통해 나는 시설에 다니며 선배 선생님들의 여러 가지 안 좋은 면을 보았을 때 위로를 받았다. 선배들이 하던 일을 덜 해놓고 갈 때도 있었다. 나는 덜 된 상태를 보았다면 그걸 밝히지 않고 마무리해준다. 내가 할 수 있는 일이기에 그냥 내가 하고 조용히 넘어간다. 선배들은 그렇지 않다. 그들은 내가 마무리하지 못한 것을 해놓고는 그것을 꼭 밝힌다. 이런 상황이 거듭되면서 마음에서 억울할 때도 있다. 그럴 때 나는 책을 읽고 필사하면서 책 속에서 위로를 받는다.

내가 직장을 다니면서 꿈을 이루기 위해 책을 쓸 수 있다면 나는 두 가지 일을 불평 아닌 기쁨으로 스스로 할 것이다. 나는 지금 직장을 다니지만 전업 작가가 되는 것이 꿈이다. 따라서 꿈을 이루고자 지금은 몸의 힘 듦을 감사히 받아들인다. 지금도 직장을 다니면서 원고를 쓰느라 다른 사람들이 자는 새벽시간에 이렇게 필사를 하고 있다.

나는 나에게 행복한 일, 즉 필사를 선택한다. 내가 원하는 일들을 하기 위해서 직장 생활 외 나만의 시간을 확보해야 하기에 오늘도 새벽 3시에 일어났다. 3시에 일어나면 할 것들이 많다. 책 3권을 골고루 필사하고 원 고도 한 꼭지 쓸 수 있다. 아침에 일의 80%를 하는 것이다. 그리고 출근 을 하면 그 시간은 덤으로 나에게 수입을 허락해준다. 이런 삶이 나를 행 복하게 해준다.

꾸준히 새벽에 일어나는 것은 선순환을 부른다. 원하는 결과, 즉 원고 한 꼭지를 완성했다는 성취감을 느낄 수 있고 이런 작은 성취감은 또 내 가 성장하고 성공할 수 있는 하나의 디딤돌이 된다. 이렇게 하루하루 원 고를 써 내려가다 보면 또 원고 완성이라는 결과가 나오게 된다. 그러면 또 출판사에 투고하고 계약을 하며 책이 나온다. 나는 이렇게 다른 사람 보다 더 생산적으로 살아간다. 이제는 주변 사람들을 신경 쓰지 않는다. 그냥 내가 좋아하고 나로 하여금 기쁘게 하는 일은 꾸준히 해나가면서 밀어붙인다. 자꾸 핑계 대는 것은 안 하겠다는 말과 같다. 그저 내가 하 고 싶은 것, 내가 원하는 것에만 집중한다.

나의 마인드는 『새벽 독서의 힘』을 써내면서 많이 바뀌었다. 전에는 주변 사람들을 신경 썼다. 사람이 많은 곳에서는 부끄러워서 책도 보지 못했다. 또 주변 사람들이 나를 걱정해주는 척하면서 하던 '그렇게 새벽부터 설치면 몸 상한다'는 말도 이제 신경 쓰지 않는다.

일찍 일어났으면 저녁에 조금 더 일찍 자면 된다. 나는 내 삶의 패턴이 나에게 잘 맞는다고 생각한다. 그래서 몸에도 별 무리가 가지 않는다. 몸도 마음도 충만함을 느낄 수 가 있다.

『부와 행운을 끌어당기는 우주의 법칙』 중에 이런 구절이 나온다.

"우리는 생각대로 사는 삶을 현실로 만들기 위해 노력했다. 그리고 기뻤다. 즐거웠다. 늘 내가 맞이하고 싶은 미래를 생각하고, 그 미래에 확고한 신념을 가지니 행동을 하는 용기를 얻게 되었다. 습관이 되었고, 나만의 사고와 신념이 눈처럼 쌓였다. 주변에 영향력을 주는 삶을 살게 되었다. 높은 의식수준이 만들어준 결과이다."

이 구절들은 오늘 새벽에 필사의 내용 중에 있는 한 구설이나. 필사는 온몸에서 활동한다. 때문에 필사를 할 때 나는 가장 행복함을 느낄 수가 있다.

어떤 사람은 책을 쓸 것이라면 원고 쓰기만 집중하고 필사 시간을 줄이라고 한다. 그러나 나는 필사를 줄일 수가 없다. 하루라도 책에서 행복함을 느끼기 위해서다. 또 필사의 내용을 다른 사람들이 기다리고 있다. 책을 구하지 못했거나 책을 볼 시간이 안 되면 폰으로 잠깐 볼 수 있기에 하루하루 이어지는 필사 내용을 기다리는 사람들을 생각하면 필사를 그만둘 수가 없다. 필사를 하면서 내가 더 행복해서 내일의 분량까지 앞당겨 필사를 할 때도 있다. 하나라도 더 필사하고 싶은 마음으로 앞당겨 필사를 하다 보니 한 권의 책의 필사 시간도 앞당겨진다. 그러면 또 다른 의식에 관한 멋진 책을 필사할 수 있고 다른 사람과 공유할 수 있다. 나누면 행복해지는 원리다. 많은 책에서도 나누면 행복하다고 가르친다.

처음에는 물질적 나눔만 나눔인 줄 알았다. 어릴 때 부모님은 항상 '공부해서 남 주겠니? 너 잘되라고 하라고 하지.'라고 하셨다. 이런 말씀을 듣고 자랐기 때문에 공부는 자신을 위해서 하는 것인 줄 알았다. 그러나 지금은 다르다. 공부를 해서 남에게 나누어주어야 한다. 지식과 지혜를 나누어야 한다. 그래서 필사 공유도 나누는 행위이기에 나는 행복한 것이다.

필사를 해보지 않은 사람은 모른다. '책 읽기도 버거운데 무슨 필사 같은 소리하냐'는 사람도 있을 것이다. 그러나 마음의 불꽃을 댕기는 의식을 확장할 수 있는 귀한 책을 한 권만 필사해보라.

필사하면서 책 읽기가 더 기대되는 것, 책 읽는 습관이 단단하게 뿌리를 내릴 수 있는 것을 느껴보라. 의도적인 독서와 의도적인 필사는 독서를 할 때 흔들리지 않도록 한다. 슬럼프를 이길 수 있는 힘을 준다. 독서에서 슬럼프를 이겨내면 삶에서도 회복탄력성이 높아진다. 또 필사를 하면 내면이 더 충만해짐을 느낄 수가 있다. 필사를 하면서 책의 내용을 가슴에 새기고 원동력을 얻어 더 열심히 달릴 수 있다.

운동을 하는 사람은 운동이, 예술을 하는 사람은 예술이, 독서를 하는 사람은 독서가 내면의 힘을 키워줄 것이며 책 쓰기를 좋아하는 사람은 쓰면서 내면에 힘을 얻을 것이다.

필사를 하면서 몸속에 모든 나쁜 것들은 글을 쓰는 순간 손끝으로 흘러 나간다. 필사로 스트레스와 부정한 마음을 잘 흘려 보내고 마음을 정화한다. 또 필사는 필력을 향상시키고 책을 쓰는 데 큰 도움이 된다. 이지성 작가도 필사부터 시작했다고 한다. 필사를 하면 할수록 필력은 향상되는 것이다. 거늡나는 연습과 꾸준함으로 인해 멋진 책을 쓸 수 있는 준비를 한다.. 필사는 예비 작가를 위한 필수적인 독서법이다.

필사는 나의 생존 독서이다

필사 독서는 책을 읽으면서 쓰거나 타이핑하는 독서다. 나는 이 독서법이 나에게 가장 잘 맞는 독서법이라고 생각한다. 시중에는 수많은 독서법이 있다. 다독할 수 있는 독서법, 쓰기 위한 독서법, 창의를 위한 독서법, 실천에 관한 독서법, 독서모임에 관한 독서법, 시간 관리를 위한 독서법, 부를 위한 독서법….

독서법에 관한 몇백 권의 책이 있다. 출판사에서도 새해가 되면 독서에 관한 책, 시간 관리에 관한 책, 새벽에 관한 책, 영어에 관한 책들이 나온다. 새해 목표를 이루기 위한 방법을 찾는 독자들이 마케팅 대상이라고 한다. 그러나 이렇게 많은 독서법이 있어도 나만의 독서법이 있어야 한다. 대중과 차별화되는 나만의 독서법 말이다.

우리는 독서를 하면서 책 속에서 지혜를 얻기를 원한다. 그러나 우리는 책을 읽어도 내용을 금방 잊어버린다. 때문에 독서하고 기록을 남겨야 한다. 기록에는 메모와 필사가 있다. 필사에는 부분 필사와 전체 필사가 있다.

부분이든 전체든, 필사하는 과정에서 이미 반복적인 독서를 시작하는 셈이다. 눈으로 한 번 보고, 손으로 한 번 쓰고, 다시 필사 중에 오타 있나 한 번 확인하는 작업은 독서 한 번에 2~3번 반복적인 독서를 하는 셈이다. 필사 한 권을 다 하면 실제는 독서 2~3번의 효과보다 더 큰 효과를 누릴 수 있다. 필사를 하면서 책의 내용들에 감정이입이 되기 때문이다. 그 효과는 몇 배일지 장담할 수 없지만, 필사 한 번과 필사 두 번은 현저한 차이가 난다. 나는 필사할수록 점점 더 필사의 매력에 빠져서 이제는 필사를 하지 않으면 독서가 되지 않을 정도다.

필사를 하면서 타인을 배려하는 마음이 생기기 때문에 늘 행복김을 느낄 수가 있다. 나눌수록 행복함을 많은 사람이 알게 되기에 실천하고 있다. 지금은 지식과 경험을 나누는 시대로 변화하는 시기이다. 자신의 경험을 공유하고 다른 사람에게 동기 부여를 할 수 있는 메신저로 사는 삶이야말로 성공하는 삶이다.

나는 내가 나눌 수 있는 것이 무엇인가를 생각해보았다. 나는 어릴 때부터 부모님의 부지런함과 성실함을 배워왔다. 이런 점들이 나를 필사로 이끌어갔다. 필사는 부지런하고 성실해야 하고 이타(利他)적이며 동시에 이기(利己)적이다. 꾸준한 필사를 하면서 사람들은 나를 부지런하다고 인정해준다. 꾸준함은 성실함이며, 성공을 낳는 열쇠이다. 운동도 꾸준히 해야 살이 빠지고 몸매 관리도 되지 않는가. SNS도 꾸준히 올려야 콘텐츠가 쌓이고, 쌓인 콘텐츠는 자산이 된다.

독서를 꾸준히 하는 것도 좋지만 필사를 꾸준히 하는 것은 독서를 넘어 책 쓰기를 하도록 하기 때문에 훨씬 더 깊이 있다. 독서는 인풋이고 책 쓰기는 아웃풋이다. 우리 삶의 것을 드러낼 때 지혜가 생긴다. 독서를 하면서 책을 써야 비로소 결과를 만들어내는 것이다.

내가 살기 위해 시작한 필사 독서는 이제 나를 살렸고 목숨을 걸고 독서의 길로 가게 하였다. 더욱더 나를 성장하게 하고 나를 빛나게 한다.

나 역시 『새벽 독서의 힘』의 홍보 활동을 여러 가지 하고 있는데 그중에서 가장 좋은 방법은 SNS 마케팅이다. 책을 홍보하는 중에 나는 또 꾸준함으로 빛을 보고 있다. SNS 팔로우하는 수와 '좋아요' 수가 날마다 늘고 있다. 매일 내가 필사하는 책들을 SNS에 올리기 때문이다.

꾸준함과 성실함이 얼마나 많은 사람에게 영향을 주는지 알 수 있다. 작심삼일인 사람들도 꾸준함과 성실함에 이끌려 시작하면 작심삼일로 끝내지 않고 다시 도전하며 점점 성과를 낼 수 있다.

지금 사회는 우리에게 과정보다 결과를 요구한다. 결과가 좋으면 과정은 다 수용되지만 결과가 안 좋으면 과정이 아무리 좋다고 해도 사람들은 인정하지 않는다.

안 좋은 과정을 보면서 좋은 결과를 바라는 사람이 얼마나 될까? 대부분 사람은 현재 보이는 것만을 추구한다. 그러나 소수의 성공자들은 과정을 알아주고 과정을 중요시한다. 평범한 사람들과의 차이다.

조선 중기 대표 시인, 오언절구와 칠언 절구의 대가 김득신은 보통 사람보다 많이 늦은 10살에야 글을 배우기 시작했다. 그러니 그가 책을 볼 때 1만 번 이상을 읽고 베껴 쓴 「독수기(讀數記)」에는 36개의 고서에 대한 섬세한 평이 기록되어 있다.

그는 『사기』 「백이전」을 무려 1만 3천 번이나 읽었다고 기록되어 있다. 어릴 때 바보 같던 김득신은 베껴 쓰기를 통해 조선 최고의 시인으로 이름을 날릴 수 있었다.

시인 안도현도, 『미생』의 웹툰 작가 윤태호도 모두 필사를 하여 성공한 사람들이다. 또 콘텐츠 크리에이터인 송숙희 대표도 베껴 쓰기 광이다. 그들은 베껴 썼기에 크게 성공할 수 있었다.

『태백산맥』의 작가 조정래도 필사를 아주 중요시한다. 조정래 작가는 아들과 며느리에게 『태백산맥』을 베껴 쓰게 했다. 그는 필사의 매력을 알고 필사에 대해 며느리도 매일 성실하게 꾸준히 하는 노력이 얼마나 큰 성과를 이루는지 직접 체험해보라는 것이라고 말한다.

나도 필사(筆寫)를 필사(必死)적으로 한다. 목숨 걸고 하는 필사는 스스로 승리하는 존재임을 깨닫게 한다. 필사를 아이들과 사람들에게도 권유한다.

필사에는 보이지 않는 어마어마한 힘이 있다. 나는 필사 덕분에 작가의 길에 들어섰고, 필사는 나의 필력을 더욱 향상시키고 세상을 보는 통찰력도 키워준다. 필사는 나를 살리는 생존 독서법이다. 나에게 딱 맞는 필사는 나를 더욱 성장시키고 더욱 큰 꿈을 가지도록 이끌어간다. 필사는 내가 죽을 때까지 갖고 가는 습관임을 나는 알고 있다. 나는 필사로 성공할 수 있음을 확신한다.

여러분도 필사를 한번 해보기를 권한다. 필사는 행복한 일이다. 필사는 자신과 타인을 위하는 나눔이기 때문이다. 필사할 책을 추천받고 싶으면 네이버 카페 〈김경화의 새벽 독서연구소〉를 한번 방문해보기를 권한다.

김태광의 『독설』 중 이런 문장이 있다.

"우리가 지구별에 온 목적은 고생을 하기 위해서도 고통을 받기 위해서도 아니다. 오로지 영혼의 진보를 위한 창조놀이를 하기 위해서 우리 스스로 택해서 온 것이다. 천국에 있을 때 우리는 지구별에서 어떤 창조놀이를 할 것인지 명확하게 알고 있었다. 이젠 더이상 남의 이목이나 보이는 가치를 좇아 인생을 낭비해선 안 된다. 원하는 일을 해야 한다. 그 일을 할 때 우리가 지구별에 온 목적이 뚜렷해진다."

나는 필사를 하면서 남의 눈치를 보지 않기로 했다. 항상 내가 좋아하고 내가 하고 싶은 것을 하면서 기쁘고 즐겁게 살기를 바란다.

필사를 할 때 행복하면 필사를 계속 하면서 행복 지수를 높이면 된다. 필사를 하는 것이 누구에게 폐를 끼치는 것도 아니고 오로지 좋아하는 것으로 즐거운 놀이를 하고 있다. 하루가 놀이라고 생각할 때 삶은 지루하지 않고 행복하다. 놀이는 행복하니까. 놀고 나면 집으로 가야 하니까.

1 - 6

필사는 미래를 바꾸는 자기 혁명이다

'자기 혁명'이란, 사전에서 이렇게 밝힌다.

'자기'는 자신, 스스로이다.

그리고 '혁명'은 다음과 같다.

1. 명사 : 헌법의 범위를 벗어나 국가 기초, 사회 제도, 경제 제도, 조직 따위를 근본적으로 고치는 일.

2. 명사 : 이전의 왕통을 뒤집고 다른 왕통이 대신하여 통치하는 일.

3. 명사 : 이전의 관습이나 제도, 방식 따위를 단번에 깨뜨리고 질적으

나는 지금 3번의 자기 혁명을 이야기하고 싶다. 이전의 관습이나, 제도, 방식 따위를 단번에 깨뜨리고 질적으로 새로운 것을 급격하게 세우는 일을 이야기하고 싶다.

새벽 필사 독서를 하면서 나는 나의 낡은 한계적인 고정관념을 깨뜨리고 더 나은 삶을 살기 위해 나 자신을 뼛속 깊은 곳까지 갈고닦고 싶었다. 이전의 불평불만 하는 삶에서 이제 다시는 불평불만 하지 않는 삶을 살고 싶었다. 그래서 나는 더 깊은 이해를 하기 위한 필사 독서를 하는 것이다. 어떤 때는 필사를 하면서 하기 싫은 날도 있었다. 그럴 때마다 마음을 다잡고 다시 필사한다.

'내가 지금 현실에 타협하여 필사하지 않으면 나중에 하기 싫은 현실에 직면할 때도 핑계를 대고 하지 않을 것이다. 그러면 지금까지 애써 만들어놓은 좋은 필사 습관이 없어질 수 있다.'

나 자신을 달래고 다시 필사를 한다. 내가 하루 정도 필사를 하지 않는다고 누가 벌을 주기를 할까, 누가 뭐라고 할까? 아무도 내가 무엇을 하든 하지 않든 관심이 없다. 그들은 그냥 자신들의 원하는 일만 할 것이다.

내 삶을 변화시키고자 하는 필사 독서는 온전히 나 자신의 의지에 달렸다. 내가 필사를 하면서 행복감을 느끼면 그게 잘하는 것이다. 내가 주체가 되고 내가 기쁘고 즐거운 일을 하니 마음이 행복으로 꽉 찬다. 지금 나의 독서는 전투적인 독서이다. 내가 나 자신을 이겨 내고 좋은 결과를 만들어 내는 나와의 싸움에서 승리하는 독서이다. 이제 몸에 밴 필사 독서는 더이상 나에게 있어서 쓸까 말까 고민하지 않게 하고 필사 독서는 그냥 물이 흘러가듯이 자연스럽게 하루하루의 시작이 되고 있다. 내가 필사 독서를 하면서 고민이란 필사의 분량을 어느 정도로 정할까 하는 것이다. 내 마음 같아서는 하루 종일 필사하고 싶지만 나는 나의 본분이 있다. 가정에서 아내이자 엄마, 직장인으로서 나의 본분을 지켜야 한다. 내가 나의 욕심을 통제하지 못하고 욕심대로 아무리 내가 좋아하는 필사를 하더라도 과한 욕심은 나에게 독이 된다.

앞으로 과학이 아무리 발전해도 글을 읽는 사람보다 글을 쓰는 사람이 더 유리한 것은 변하지 않는다. 회사에서도 사람들을 채용할 때 SNS 활용도와 스피치 기술, 또 글을 잘 쓰는 사람들을 채용하기 원한다. 글을 잘 쓰고 말을 잘하고 정보 수집 능력이 우수한 사람들을 선호한다는 것이다. 표현력과 구성력, 기획력을 가진 사람들이 인기를 누린다. 인기 블로거는 글로 표현을 잘한다. 책을 낸 작가는 글로 구성을 잘한다. 출판사의 편집장은 글의 기획전문가이다.

지금의 나를 있게 한 분은 〈한책협〉의 김도사님이다. 김도사님은 책 쓰기 코치이며 1인창업, 성공한 코치이다. 또 김도사님은 성공한 기획자이다. 모든 수강생의 자기소개서를 보면서 상담한 후 책의 제목과 주제와 목차를 함께 기획한다. 그 기획은 수많은 다른 작가들의 원고를 베스트셀러로 이끌어간다. 이것이 김도사님의 20여 년 책 쓰기 코칭 노하우다. 아무나 쉽게 따라 할 수 없는 김도사님의 경험과 지혜이다.

책 쓰기를 한 이후 나는 고정적인 가난한 마인드를 바꾸기 시작했다. 세상을 바라보는 눈도 달라졌다. 자수성가한 부자의 지혜와 경험을 배울 수 있었다. 그의 동기 부여와 자극을 통해 날마다 긍정적인 마음으로 부정적인 생각을 갈아엎는다. 의도적으로 마음을 다스리고 통제해나간다. 전에는 부정적인 생각과 마음이 들 때는 부정적인 것이 나를 지배하도록 그냥 놔두었다. 그러다가 부정적인 힘에 얽매여 부정적인 생각으로 하루를 살고 이틀을 살면서 미래의 삶을 부정으로 이끌어갔고 『새벽 독서의 힘』 책 쓰기 과정 전까지만 해도 부정적인 삶을 살았다.

이런 부정적인 마음을 바로 뒤집은 것은 의식혁명이다. 의식 변화의 중요성을 아무리 강조해도 지나치지 않다. 의식혁명이 되지 않았다면 아직 가난하고 불평불만의 마음으로 살아갈 것이다. 의식상승에 관한 책을 보면서 의식 확장에 좋은 책들을 필사하기 시작했다. 그 결과 나의 고정적이고 한계적인 관점을 바꿀 수 있었다. 지금도 가끔은 습관적인 부정적 생각이 나지만 나는 부정적 생각이 나올 때마다 내 마음을 뒤집는다. 긍정적인 생각과 마음으로 마음에 밝은 긍정적인 스위치를 켜면 한번에 나의 마음은 밝아진다.

농사를 지을 때 묵었던 땅을 트랙터로 갈고 땅을 보드랍게 하는 작업을 중요시한다. 특히 인삼 농사는 쟁기질할 때 땅을 가는 깊이가 일반 벼 농사보다 훨씬 더 깊다. 땅속 깊은 곳의 흙도 땅위로 올라와 햇빛도 보고 비도 맞고 바람도 쐬고 그렇게 몇 번 반복적으로 갈아엎어지면 더 보드라운 땅이 된다. 그제야 우리는 인삼 심을 준비를 한다. 마음도 의식도 마찬가지다. 항상 트랙터로 땅을 깊이 갈아엎듯이 마음도 의식 확장에 관한 책들로 갈아엎는다. 의식 발전에 관한 책으로 마음 밭을 갈고 보드라운 마음으로 세상을 바라본다. 의식 발전에 관한 책들에 대한 필사는 나의 마음 밭을 더 보드랍게 했다.

꾸준한 필사는 나의 마음을 갈고닦는 데 아주 유익하다. 내 마음의 아픔도 슬픔도 우울함도 부정적인 것도 모든 것이 필사를 하면서 손으로부터 컴퓨터로 흘러 들어간다. 따라서 마음속에 있는 부정적인 감정들이 흘러나가고 늘 새로운 발전하는 의식으로 마음 밭을 채워가니 나는 날마다 성장하고 아름다운 열매를 맺게 된다.

꾸준한 필사는 나에게 자신감을 준다. 날마다 SNS에 필사의 내용을 올릴 때 사람들은 늘 좋은 책을 공유해줘서 고맙다고 한다. 필사를 하지 않았으면 나의 의식을 발전시키고자 읽은 많은 책들이 나에게만 도움이 되었겠지만 꾸준한 필사를 통해 많은 사람에게 도움을 줄 수 있으니 정말 행복할 수밖에 없다. 드디어 나도 다른 사람에게 나누어줄 수 있는 것이 생겼다. 항상 나는 무엇으로 나눌까 생각했지만 경제적인 어려움과 자신의 성과 없는 삶의 모든 것이 나로 하여금 '나는 아무것도 나눌 수 없는' 존재로 느끼게 했다. 행복은 나눌수록 커진다는 말은 많이 들었던 말이다. 그러나 나는 아무리 봐도 나눌 수 있는 게 없었다.

하지만 꾸준한 필사를 하면서 『새벽 독서의 힘』을 출간했고 지금은 '나도 나눌 수 있는 것이 있음'에 감사하다. 꼭 경제적인 나눔이 아닌 지혜와 감정, 지식, 재능 나눔도 행복한 나눔이다. 나는 나의 부지런함과 꾸준함과 성실함을 다른 사람들에게 나눈다. 지금 시작하는 필사로 책을 공유하는 것도 나눔이다. 이런 작은 일에서의 성취감은 나를 더욱 열정적으로 살아가게 한다. 하루의 시작이 새벽 필사인 만큼 에너지 충만한 하루하루를 보내면서 육체적으로 힘든 현실을 밝히 비추고 있다. 긍정적인 마음으로 하루를 살아가면서 지금은 날마다 행복함으로 마음을 채운다.

여러분도 어떠한 성과가 없을 때 의식발전에 관한 책을 필사를 해보라. 책 전체를 필사하고 그 내용들을 SNS에 공유해보아라. 그대도 나 같은 행복을 느낄 수 있을 것이다.

나는 오늘도 새벽 필사하면서 큰 소리로 외친다.

"새벽 필사는 나를 바꾸는 자기 혁명이다!"

사람은 쓰는 대로 만들어진다

어떤 책을 읽는지에 따라 생각은 그 방면으로 흘러가고, 우리는 그 생각에 따라 살아가게 된다. 필사를 하는 것도 마찬가지다.

나는 의식에 관한 책을 필사하면서 영적인 발전에 관심을 가졌기에 내 삶은 영성을 추구하는 삶으로 향하며, 영적인 것에 집중하여 생각하게 되고 영적인 것을 추구하게 된다. 나의 참된 영혼이 이 땅에 무엇을 체험하고자 왔는지, 어떻게 천사적인 존재였을 때를 기억하고 어떤 능력이 있는지를 알아내기 위해 노력하고 있다. 소명을 기억하고 그 소명대로 살아가고 그것을 이루고자 하는 것이 지구에 온 목적이다.

『초인대사 100문100답』에 빛의 일꾼에 대하여 설명하는 부분이 있다. 나는 나 자신이 빛의 일꾼이라고 생각한다. 빛의 일꾼에 맞먹는다고 생각한다. 나는 이 세상에 태어나 40여 년 지나서 내가 살아가는 이유를 알게 되었다.

마태복음(5장 14~15절)에 "너희는 세상의 빛이라 산 위에 있는 동네가 숨겨지지 못할 것이요 사람이 등불을 켜서 말 아래에 두지 아니하고 등경 위에 두나니 이러므로 집 안 모든 사람에게 비치느니라."라는 말씀이 있다. 교회 다니면서도 '나는 빛의 일꾼이다.'라는 생각은 가졌지만 어떻게 빛을 발할지는 몰랐다.

어릴 때부터 갖고 있던 좌절감과 원망과 불평은 점점 나를 더 제한하였고, 나는 매사에 스스로 한계를 지었다. 한계의 '감옥' 속에 갇혀 날마다 하나님을 원망하면서, 동시에 하나님을 사랑한다고 하면서 살아왔다. 마치 이스라엘 백성이 출애굽을 하고 나서도 계속 하나님을 원망했던 것처럼 말이다. 그들은 40일 만에 갈 수 있는 가나안 땅에 40년 만에 도착했으나 원망하던 모든 세대는 결코 가나안 땅에 들어갈 수 없었다.

나도 분명 출애굽을 하였다. 지난날 예수 그리스도를 만났고 그를 따라가기로 했던 때, 교회에 가기 시작했다. 그럼에도 스스로 메뚜기가 되었으니, 나는 얼마나 자신을 비참하게 만들었는가? 내가 스스로를 메뚜기로 만들어버렸다는 것을 『부와 행운을 끌어당기는 우주의 법칙』을 읽고 필사하면서 깨닫게 되었다. 내가 나의 한계를 정하고 스스로 그 한계를 뛰어넘지 못하고 있는 것을 알았으니 더이상은 나를 '감옥'에 방치할 수 없었다. 내가 '나'를 한계라는 '감옥'에 가두었기에 '감옥'에서 탈출하는 일도 나 스스로 해야 했다. 열쇠를 손에 쥐고 있으면서도 '감옥'에서 나오지 않는 미련한 자가 되어서는 안 됐다. 이제는 자유를 위해 열쇠로 문을 열고 '감옥'에서 나와 햇빛을 쬐며 새로운 삶을 살아간다.

교회를 다니면서 영감을 갖고 싶었으나 잘 이해하지 못하였다. 『성경』 내용을 잘 이해하도록 해준 또 하나의 책은 『초인들의 삶과 가르침을 찾아서』라는 책이다.

"영감은 하느님으로부터 직접 오는 것입니다. 여러분은 진짜 영감을 받아야 합니다. 즉 하느님께서 여러분을 통하여 자신의 뜻을 펼치시도록 여러분 자신을 맡겨야 한다는 말씀입니다."

〈한책협〉 김도사님이 늘 입에 달고 사는 말씀이다. '나는 하나님의 아들이다. 나는 예수님의 동생이다. 나는 예수님이 갖고 있는 능력이 나에게도 있음을 안다.' 나는 이 책을 읽으면서 바닥난 자존감을 높일 수 있었다. 내가 신의 자녀이고 확실하게 예수도 그렇게 말씀하셨다.

"너희는 나보다 더 큰일을 할 수도 있다."

교회를 다니면서 신유의 은사를 가진 많은 목사님이나 장로님, 권사님들이 복음을 위하여 이런 특별한 능력을 가지고 계심을 알고 있다. 내가 알았던 한 권사님도 신유의 은사가 있었다. 그분이 아픈 자를 위해 기도하실 때 여러 가지 아픈 것이 나아지는 것을 보았다. 『성경』의 기적들이 현실에 나타나고 있는 것을 알지만 그때는 그것이 특정된 사람만이 가능하고 나는 안 되는 줄 알았다. 그러나 나도 의식을 고양시키고 영적으로 상승시키고 사고와 의식을 초인의 단계까지 확장시키면 가능하다. 나에게도 그런 능력들이 숨겨져 있다. 나는 천사적인 존재이기 때문이다.

『부와 행운을 끌어당기는 우주의 법칙』에 '우리 스스로 신성하고 거룩하다는 것을 깨달을 때 하나님으로부터 오는 영감을 받게 된다. 이때 나의 영과 하나님의 영의 주파수가 연결된다.'라고 나온다.

내가 하나님의 딸임을 확신하고 내가 하나님의 '성선'임을 확신힐 때 나는 나의 한계를 벗어나고, 하나님과 함께함을 확신할 때 바닥난 자존감을 높일 수 있다. 이런 이해를 가지고 『성경』을 읽는다.

창세기에서 아브라함이 100세에 낳은 아들 이삭을 하나님께 제물로 바치라는 미션을 듣고 그 아들을 하나님께 제물로 드리려는 순간 하나님이 급히 아브라함을 제지시키는 내용이 있다. 나는 제물로 드리려고 했던 이삭 대신에 하나님께서 숫양을 이미 준비해두셨다는 사실을 아주 좋아한다. 이레의 하나님, 즉 나의 모든 것을 미리 준비해두신 하나님이라고 말씀하신다.

또 예수님이 십자가에 돌아가실 때 마지막 한마디 '이미 다 이루었다'고 하신 말씀이 기억이 난다. 우리를 위해 모든 것을 다 이루셨다. 그런데도 우리는 그것을 찾아 쓰지 못하고 있었던 것이다. 이제는 내가 스스로 세운 '감옥'에서 나와서 당당하게 하나님의 자녀로 살아가기로 결단했다.

조금 더디면 어떻고 조금 늦게 시작했으면 어떠랴. 아직도 살아갈 날이 남아 있는 한, 나는 하나님의 딸로 살아가겠다고 결심한다. 나를 만족시키는 이는 평범한 사람이 아닌 우주의 창조자 하나님이다.

이런 책의 내용을 볼 때 나는 가슴이 뜨겁게 뛰고 내면에서 올라오는 행복감을 느낄 수가 있다. 내가 원래 천사적인 존재였고 나는 이 지구에서 더 아름다운 사람들의 조화를 이뤄내고 무조건적인 사랑을 실천하기 위해 이 지구별에 왔다는 것을 알 수 있다.

나는 남편과 자녀들에게 먼저 무엇을 어떻게 하는 것이 최고의 선을 이루기 위한 것인가에 대해 생각해보았다. 남편과 자녀들이 못마땅할 때 이미 나 자신이 우월성을 갖고 있다. 나는 이미 그들을 판단하기 시작했다. 남편이나 자녀에게 무엇을 어떻게 해주기를 바라는 마음이 내 안에 고쳐야 할 나의 문제이다. 남편과 자녀는 나의 거울이다. 나는 그들을 바라보면서 내가 그들에게 바라기 전에 먼저 나 자신을 변화시켜야 한다. 남편과 자녀도 나의 일부이기 때문이다. 내가 나를 바꾸는 것이 먼저다.

나는 다른 사람을 내 의지대로 바꿀 수 없다. 그저 내가 바뀌면 남편과 자녀도 바뀔 수 있다. 왜냐하면 우리 인간은 모두 영적인 존재이기 때문이다. 우리는 하나이다. 그렇기에 남편과 자녀를 볼 때 모든 것이 나의 책임이고 나에게서 나온다는 것을 알게 되었다.

행복은 멀리 있는 것이 아니다. 행복은 가정 안에 있다. 내 가정을 내가 굳건한 위치에 서서 지켜나갈 때 방황하던 남편과 아이들이 돌아온다. 책을 읽기 전에 가정은 내 삶의 짐이었다. 나는 가정 때문에 힘들었고 가정을 상냥하는 것이 너무 버거웠다. 그들이 나의 성장을 막는 것만 같았다. 가정 때문에 더이상 성장할 수가 없다고 부정적인 생각을 했었다.

그러나 나는 의식 발전에 관한 책들을 보면서 나의 부정적인 의식을 긍정적으로 뒤집기 시작했다. 가정 구성원에게 우선적으로 무조건 사랑을 베풀어야겠다고 생각했다. 물론 부정적인 습관이 있었던 내가 하루아침에 가정에 대한 부정적인 관점을 바꿀 수는 없었다. 그래도 날마다 무조건 사랑을 외치며 먼저 나를 갈고닦고, 먼저 손 내밀고, 먼저 이해하고, 먼저 사랑하기로 결심했다. 이렇게 날마다 나의 결심을 잠재의식에 각인시키고 나를 날마다 갈고닦아서 내가 먼저 사랑하는 자가 되기로 했다.

남을 사랑하기 전에 내가 먼저 나를 사랑해야 한다. 자신을 사랑하고 인정하고 '나는 천사적인 존재이므로 할 수 있다'는 관점을 통해 사랑이 스스로에게 충만하게 채워지고 넘쳐흘러나가야 남편과 자녀에게 무조건적인 사랑을 줄 수 있다.

부모님의 반대에도 이 남자 곁에 있겠다던 나의 선택을 수용하고, 처음에 남편을 만났던 그때를 늘 생각하고, 이 남자를 만나서 행복하게 살겠다던 결심과 이제껏 행복했던 기억만 떠올리며 남편에 대한 초심을 새길 때 남편이 어떤 일을 해도 그것을 이해할 수 있다.

또 자녀에 대한 초심도 마찬가지다. 자녀를 처음 바라보았을 때 그저 건강하게 태어나서 고맙고 앞으로도 건강하게 자라주면 고맙겠다던 그 초심을 기억해내면 지금 성장하면서 말을 잘 안 듣는다는 이유로 자식을 부담스러워하고 미워했던 내가 부끄럽기까지 하다.

이제 무조건적인 사랑을 생각하면서 남편과 아이들에 대한 초심을 잠재의식에 각인시키고 '모든 선택은 내가 한 것이다'로 관점을 바꾸니 모든 것을 수용할 수 있었다. 일단 나를 먼저 수용하고 남편과 가정을 수용하고 더 나아가서 이웃과 사회의 일부를 수용할 수 있다.

2장

독서에

필사를 더하다

독서에 필사를 더하다

새벽마다 일어나서 필사하는 것이 습관이 되었고, 지금은 일상이다.

요즈음 필사하고 있는 『행복하다고 외쳐라』는 행복에 대해 깊이 생각하게 한다. 이 세상에서 온전한 행복을 추구하기 위해서는 놓아야 할 것은 놓을 수 있어야 한다고 가르친다. 그러면서 아름다움을 추구하는 것도 행복이라고 말한다. 가슴을 열어 경이롭고 아름다운 자연을 받아들이게 한다. 필사하면서 작은 풀 하나, 꽃 한 송이, 저녁 노을에서 행복을 찾을 수 있음을 깨닫는다. 대가 없이 주어지는 자연의 아름다움을 즐길 줄 아는 사람이 지갑에 돈을 채우는 것보다 더 행복한 일이라고 한다.

또한 『초인대사 100문 100답』은 날마다 의식을 상승시켜준다. 오늘은 '빛의 일꾼들은 어떤 존재인가?' 하는 내용을 필사했다. 이 책이 쓰인 목적은 전체 인류의 영적 상승이다. 잠자고 있는 수많은 빛의 일꾼을 깨워서 인류의 영성이 3차원에서 4차원으로 진화하는 데 동참하도록 한다. 수많은 빛의 일꾼들이 아직 자신이 빛의 일꾼인지 모른 채 잠자고 있다. 이에 영인 존재들은 잠자는 영적 존재들을 깨워 자신이 빛의 일꾼임을 깨달아 이 세상에 온 소명을 깨닫도록 인도해준다.

어떤 사람들은 이렇게 이야기할 수도 있다.

"필사를 하면 몇 개월에 딸랑 2~3권 읽는 것 아닌가요? 읽어야 할 책이 많은데 어떻게 2~3권만 읽나요?"

더 많은 책을 읽어야 한다고 주장하는 사람도 많을 것이다. 맞다. 독서의 양도 물론 중요하다. 그러면 필사하면서 적어지는 독서량은 어떻게 채워나가야 할까?

나는 부족한 독서량을 채워나가기 위하여 출퇴근 시간에 오디오북을 듣는다. 매일 출퇴근길에 듣는 전자책도 무시할 수 없다. 이렇게 다양한 방법으로 꾸준히 읽어가면 독서량을 늘릴 수 있다. 또 쉬는 날에도 책을 한 권씩 읽으면서 부족한 독서량을 늘릴 수 있었다. 더구나 새벽 필사로 의식을 높였고 영적으로 진화되었기 때문에 다른 책을 읽을 때 집중이 잘된다. 이렇게 필사와 독서는 선순환이 된다. 필사 독서로 높아진 집중력으로 독서량을 늘릴 수 있다. 이로써 독서력은 점점 강화된다.

누가 뭐라 해도 독서는 우리가 살아가는 데 기본이며, 동시에 최고의 무기이다. 책을 읽기 전에는 직장에 다니고 집안일을 하는 것만으로도 힘들고 버거웠다. 그러나 지금은 다르다. 책을 읽고 작가의 꿈을 위해 책을 쓰며 많은 콘텐츠를 생산하고 있다. 카페 활동도 열심히 한다. 지금은 하고 있는 이 많은 일들을 책 읽기 전에는 왜 하지 못했을까?

시간 관리 때문이다. 처음에는 과제들을 하기도 버거웠다. 그러나 기억해야 할 것이 있다. 우리는 예전에도 바빴고 지금도 바쁘고 미래는 더욱 바쁘다. 그래도 우리는 다 해낼 수 있다. 다 해내야 된다. 내가 봐도 나는 지금 하루에 너무나 많은 일을 해내고 있다. 나를 퍼스널브랜딩하기 위하여 많은 노력을 기울일 수 있다.

결국 나는 카페 활동을 하고 책 쓰기 과정, 1인 창업 과정을 수강하면서 원고를 썼다. 결국 『새벽 독서의 힘』이라는 결과를 만들어냈고 지금은 드디어 SNS와 유튜브까지 시작하였다.

우리에게는 '무엇이든 할 수 있는 힘'이 내재되어 있다. 단지 그 힘들이 잠자고 있기에 우리가 그것을 모르고 있을 뿐이다. 『내 안의 잠자는 거인을 깨우라』라는 책 제목처럼 우리는 우리 안에 있는 무한한 능력을 깨워야 한다. 우리가 '아무것도 할 수 없다', '무엇도 잘할 수 없다'면서 스스로 한계를 지을 때 우리는 참으로 아무것도 할 수 없다. 그러나 우리가 '무엇이든지 할 수 있다'고 스스로의 한계를 뛰어넘을 때 멋진 결과가 기다리고 있을 것이다.

나의 고정관념을 뒤집는 것은 결코 어려운 일이 아니다. '할 수 없다'와 '할 수 있다'는 한 글자 차이다. 우리의 고정관념도 결심하고 뒤집으면 바꿀 수 있다. 물론 몸에 밴 습관이 금방 변하지는 않겠지만 의도적으로 노력하면 새로운 습관도 익힐 수 있다. 계속해서 노력하면 '할 수 없는 사람'에서 '할 수 있는 사람'으로 거듭난다.

나는 직장에 다니면서 새벽 3시에 일어나 필사부터 시작한다. 계획과 목적을 가슴에 더 각인시키고 삶의 풍요로움을 느낄 수 있다. 사람들은 새벽 3시에 일어나면 피곤해서 못 한다고 한다. 그러나 많이 피곤하면 점심시간 30분이라도 쪽잠을 자면 된다. 나는 종종 덜 피곤할 때 점심시간에 자지 않고 책을 읽는다. 가방에는 늘 책이 한두 권 있다. 나는 책 읽는 것이 너무 재미있다. 주변에 독서를 하고자 하는데 잘 안 되는 사람들을 모아 독서모임을 하려고 한다. 작년 12월에 3명이었고 올 1월에 1명 더 모집하였다. 아직 규모가 작고 성숙하지 않지만 점점 더 발전하고 키워 나갈 수 있다는 자신감이 있다. 그러나 직장인으로서 쓸 수 있는 시간은 한정되어 있다. 해오던 필사를 끊을 수는 없고, 더구나 지금은 『나의 삶을 바꾸는 필사 독서법』 원고를 완성하는 게 우선이다. 때문에 지금은 다른 새로운 일들을 최대한 시작하지 않으려고 한다.

필사로 하루를 시작하고 꿈을 이루기 위해 시간을 쪼개어가면서 살아 간다. 나에게는 불평불만 할 시간도 없을뿐더러, 내면에 쌓여 있던 불평 불만은 필사를 하면서 흘러나간다. 날마다 긍정적인 생각을 입력하면서 부정적인 마음이 정화되고 날마다 행복한 에너지가 충만하다. 이렇게 받은 충만한 에너지로 출근하여 어르신들을 케어하고 선생님들과의 관계를 조화롭게 할 수 있다. 나의 미래는 더 밝아질 수밖에 없다.

삶에서 우울함을 이겨내기 힘들면 카페 〈김경화의 새벽 독서 연구소〉나 블로그 〈새벽에 독서하는 농부 작가〉로 찾아오셔서 다양한 이야기를 읽고 우울증 극복에 도움을 받았으면 좋겠다. 나도 내가 만든 한계 안에서 살아갈 때는 너무 지치고 힘들어서 죽고 싶은 마음이 들 때가 많았다. 그러나 독서하고 책을 쓰고 필사를 하면서 그 많은 우울함을 극복할 수 있었다.

당신도 우울함에서 벗어나고 싶어 여러 가지 방법을 시도해보았으나 마땅한 결과가 없었다면 독서부터 하라. 마음을 달래고 지혜를 얻으며 다른 사람들의 경험을 배울 수 있을 것이다. 더 넓은 세상을 향해 가슴을 열 수 있고 더 큰 자기 수용과 인정을 배우게 될 것이다.

특히 책을 아직 읽지 못하고 있는 사람들에게 필사 독서를 하기를 권한다. 필사를 하면서 독서에 빠지고 삶에 재미를 느낄 수 있다. 필사를 하면서 마음 속에 많은 분노와 화, 그리고 조급함 등 부정한 것들을 다 흘려보내면서 영혼을 정화시키면 삶을 변화시킬 수 있다.

대부분 사람들의 삶이 우울한 것은 자신의 원하는 것도, 꿈도 없고 또한 자신의 존재를 모르기 때문이다. 그렇다 할 성취감도 느껴보지 못했고 인정도 사랑도 받지 못한다고 느끼기 때문이다. 따라서 우울함에서 벗어나지 못하고 사로잡힌다. 우울함 때문에 숨도 제대로 쉬기가 어렵다. 날마다 탄식만 나온다.

이런 사람들을 보면 가슴이 아프다. 나도 그런 날들을 보냈기 때문이다. 그러나 나는 이미 숨 막히는 상황에서 벗어났다. 꿈을 가지고 꿈을 이루기 위해 몸부림치고 있다. 여러분도 죽고 싶은 우울함에서 벗어나 자아를 사랑하면서 충만한 삶을 살기를 바란다.

나는 이제 행복한 눈으로 세상을 바라보게 되었다.

나는 이제 우리 가정을 행복하게 바라볼 수 있다.

나는 새벽 필사가 내 인생을 바꾸었다고 당당하게 말할 수 있다.

나는 지금 행복하다고 큰 소리로 말할 수 있다.

2 - 2

필사도 데드라인이 있다

모든 일은 시작과 끝이 중요하다. 시작이 중요한 것은 말할 필요도 없지만, 시작만 해놓고 끝을 마무리하지 못하면 찝찝하여 다른 일을 해낼수가 없다. 마무리 짓지 못한 것이 늘 신경이 쓰이고 결국 이것도 저것도잘 안 된다. 일단 시작을 했으면 끝을 보아야 한다. 책을 쓰기로 마음을먹었으면 원고를 쓰기 위해 노력해야 하고 출간을 위해 완성까지 해야한다.

그렇기에 모든 일에는 데드라인이 있다. 내가 아무리 좋아하고 행복해도 끊어야 할 때는 끊어야 한다. 끊어야 할 때 못 끊으면 화근이 생긴다.

나는 이 진리를 첫 책『새벽 독서의 힘』을 쓰는 중에 깨달았다. 아무리 저항이 적은 새벽에 일어나 해야 할 일의 80%를 오전 중에 완성한다고 하지만, 그럴 수 있었던 이유 중 하나는 끊어야 할 때 끊었기 때문이다.

원고를 쓸 때 나는 3시에 일어났다. 4시에 일어나서는 내가 원하는 하루의 계획을 완성하기 어려웠다. 4시에 일어날 때는 필사를 하고 5시 30분에 아침 준비하는 것으로 끝났다. 그러고 나면 직장에서 11시간이라는 너무나 많은 시간을 소모한다. 나는 집에 와서 저녁 늦게까지 밀린 과제를 해야 했는데, 그렇게 과제를 하다가 11~12시가 넘으면 또 내일을 위해 자야 했다. 아무리 시간을 쪼개도 목표했던 일을 다 하지 못하여 계획이 미루어졌다.

그래서 시간을 더 확보하기 위해 3시에 일어나기 시작했다. 필사를 할수 있고 원고도 한 꼭지씩 쓸 수 있다. 아침 준비하고 집도 어느 정도 치울 수 있다. 아침 시간의 시작과 끝을 잘 관리하여 원하는 것도 이루고 좋아하는 것도 할 수 있어서 좋았다.

내가 좋아하는 것, 원하는 것을 하니 행복한 힘을 얻는다. 몸과 정신이 다 행복하다. 남편과 가정을 돌아볼 수 있다. 이렇게 날마다 3시에 일어나려면 밤 10시에는 자줘야 한다. 그래도 피곤하면 한 번씩 쉬는 날에

1~2시간씩 낮잠을 자준다. 날마다 새벽 3시 강행군을 한 지 7일째, 하루에 원고 한 꼭지를 잘 완성하고 있고 현재 8꼭지를 썼다. 하루 한 꼭지를 쓰니 덜 부담스럽고 술술 잘 써진다.

100일 동안 3시에 일어나면 어떤 기적이 나타날지 기대된다. 1년 안에 책을 2권 이상 쓰고, 한 달에 한 번씩 독서 모임을 가지고 또 요양보호사로서 필요한 노인심리상담과 다문화 가정을 위한 상담 등 여러 가지 자격증을 따고 싶다. 출간한 책 홍보도 해야 하고 SNS도 키워나가야 한다. 100일간 3시에 일어나 3시 기상을 습관으로 만들면 이런 꿈을 다 이룰 수 있는 기적이 일어날 것이다.

나는 그러한 기적을 이룰 수 있다는 자신감이 있다. 새벽 3시의 기적을 지금도 조금 누리고 있으니 말이다. 단지 지금은 그 준비 단계, 즉 습관을 만들어가는 과정이다. 새벽 3시 기상이라는 습관이 단단하게 자리잡고, 콘텐츠가 만들어지면 그때는 더 놀라운 성과를 이루어갈 수 있을 것이다. 좋은 습관의 힘은 무시할 수가 없다. 피곤함을 극복하고 꿈을 이루기 위한 도전을 계속할 것이다.

지금 와서 돌아보면 독서를 하기 전, 책을 쓰기 전에도 나는 항상 바빴다. 그러나 아무런 결과도 얻어내지 못하며 살아왔다. 지금은 독서하고 책을 쓰기도 한다. 그전보다 더 많은 여러 가지 일을 하면서 동시에 결과도 만들어낸다. 하루는 책을 읽기 전과 똑같이 24시간인데 어떻게 이런 것들이 가능할까? 나 스스로에게도 자주 질문한다. 나는 밭일, 직장일, 살림을 하고 나머지 시간은 TV를 보면서 낭비했다. 지금은 이전과 비슷한 것처럼 보여도 작가라는 삶이 더해졌고, 나 스스로 삶의 주체가 되면서 변화가 있다.『새벽 5시 필사 100일의 기적』에 이런 말이 있다.

"누구나 평범함을 넘어 특별한 삶을 살 권리가 있다. 당신도 특별한 존재이다. 자신만 그것을 잊지 않으면 된다. 계획된 삶으로 오늘 하루도 있지 않으면 된다. 가장 나답게 뜨거운 하루를 보내길 바란다."

이런 좋은 내용을 필사하더라도 나 혼자 알고 있으면 다른 사람들은 보지 못한다. 그러나 온라인에 올리면 한 사람이라도 더 볼 수 있고, 그 사람들의 삶을 바꿀 수 있는 계기가 될 수 있다. 게다가 포스트 올리는 것으로 시작하여 세상에 있는 많은 자료를 자기 것으로 만들 수 있는 길도 모색할 수 있다. 모든 창조는 모방하는 데부터 시작하기 때문이다. 필사도 모방이다. 글을 쓰고자 하는 사람의 모방이다. 지속적인 필사는 멋진 책을 쓰기 위한 준비 과정이다.

인류의 영성이 3차원에서 4차원으로 진입한 세계에서는 더 바쁜 삶을 살아가야 한다. 지금도 바빠서 여가를 즐길 수 없는 사람이 많지만, 앞으로는 더 바쁘게 살아야 한다는 것이다. 그렇기에 더욱 더 새벽 시간을 활용해야 한다. 더 많은 일들을 오전 중으로 완성하고 여가 시간을 창조해야 한다. 안 그러면 지금보다 더 지치게 된다. 삶의 무게를 감당하기 더욱 힘들어진다. 우리는 이러한 것들을 책에서 배우고 미리 미리 준비해야 한다. 준비를 하지 않으면 그때 가서 더 많은 혼돈과 갈등으로 사람들 사이 관계에서 부딪치고 견디기 힘들어진다. 책을 읽지 않으면 이와 같은 어려움에 대해서도 생각할 수 없다. 세상을 나의 작은 관념으로 바라보기 시작하여 모든 것이 협소하게 보이기 때문이다.

나는 날마다 행복하게 필사한다. 쉬는 날에 며칠 분량의 필사를 할 때도 있다. 분량을 채웠다고 그 다음날에도 이후의 내용을 필사한다. 갑자기 일이 생겨 필사를 못할 경우를 대비하는 것이다. 시간은 미래에서 현재로 흘러오는 것이다. 그래서 필사도 미래의 시간을 당겨서 하면 더 여유로울 수 있다. 그러면 시간은 남고 더욱 나를 위한 창조적 시간으로 활용할 수 있다.

『초인대사 100문100답』, 『독설』, 『새벽 5시 필사 100일의 기적』, 『성경 수업』 같은 책들은 내용이 짧고 강한 자극을 준다. 책을 한 장씩 필사하다 보면 '하루에 10분만, 한 장만 하자.' 하는 생각이 사라진다. 가슴에 꽂

혀서 미리 며칠분 앞당겨 필사를 하게 된다. 그 다음날에도 이어서 계속 필사를 한다. 이런 마음으로 필사를 하게 되면 한 권의 책을 필사하는 시간을 단축할 수 있다. 수많은 책이 아직도 필사를 기다리고 있다. 좋아하고 하고 싶은 일들이 기다리고 있기에, 그 일들을 하나하나 해나가기 위해 기쁜 마음으로 매일매일 필사를 한다.

필사를 하면서 나는 결과를 만들어내는 연습을 하고 있다. 한 권씩 필사를 마칠 때마다 작은 성취감이 쌓이고, 그것은 큰 성취감이 된다.

책을 읽으면서 넓은 관점으로 세상을 보고, 가슴을 열어 어려운 문제에 대한 답을 얻고 지혜를 배우면 살아가기가 덜 힘들다. 혼자만의 짧은 지혜보다 많은 책 속 현명한 자들에게 배운 지혜로 살아가는 것이 유익하다. 거인의 어깨 위에서 세상을 바라보면 더 멀리 더 넓은 세상을 바라볼 수 있다.

내가 좋아하는 필사 독서는 내 시간에 맞춰 끝을 맺고 다시 시작한다. 날마다 반복한다. 물론 욕심은 금물이다. 과한 것은 아무리 좋은 것이라도 독이 된다. 새벽 시간에 대한 욕심도 있으나 딱 정해진 시간, 5시 30분까지다. 끊어야 할 때 끊고 시작해야 할 때 시작하고. 이것이 시간 관리이다. 시간관리가 안 되면 모든 것이 분주하고 복잡해진다. 따라서 항상 데드라인에 신경 써가면서 내가 좋아하는 일을 해야 유익하다.

오늘도 원고 쓰기를 하면서 딱 5시 30분까지, 데드라인에 멈춘다. 양보하지 않는다. 이런 습관은 맺고 끊음을 명확히 하는 마음의 근육을 키운다. 자신의 의사도 잘 표현할 수 있고 거부도 잘 할 수 있다. 좋은 습관은 항상 더 좋은 습관으로 발전시켜야 한다.

필사는 희망의 시작이다

필사는 희망의 시작이다. 나는 삶에 희망이 없고 아무것도 할 수 없다는 무기력만 몰려오고 삶의 무게를 감당하기가 힘들 때 필사를 시작했다. 『성경』을 필사한 것이 잘한 일이었다. 교회에 가면 『성경』 필사를 하는 분들이 많다. 그분들은 필사를 하면서 아픈 몸을 회복하기도 하고 믿음을 키워가며 신앙을 굳게 지켜가고 있다. 나도 『성경』 필사를 하면서 깨달은 것들이 많다.

나는 『성경』 필사만큼 인내가 필요한 것은 없다고 생각한다. 두꺼운 『성경』 필사를 하면서 정말 자신을 갈고닦는다. 하나님의 지혜를 얻으며 인생을 살아가는 방법을『성경』속 인물들에게 배우고 있다.『성경』필사는 나를 숨 쉴 수 있게 했다.

책을 읽지 않는 사람들은 술, 담배, 오락, 성적인 방탕함, 일, 여행 등 여러 가지 방법으로 우울을 극복하지만 나에게는『성경』필사가 맞았다.『성경』은 '하나님의 감동으로 된 책으로 좌우로 날선 예리한 검과 같아 우리의 혼과 영과 관절과 골수를 찔러 쪼개기까지 한다'고 한다. 정말『성경』에는 놀라운 힘이 있다. 실제로 하나님 능력이『성경』속에 있다.

서상훈의『독사론』중 안동 교회의 김광현 목사의 아내인 최 씨는 지금까지 신약과 구약『성경』을 한국어, 영어, 일어로 각각 4번씩 베껴 썼는데, 25년 동안 3개국 언어로『성경』을 12번 필사했다고 한다. 필사 덕분에 사모님은『성경』수백 절을 3개 국어로 줄줄 암송할 정도가 됐다고 한다. 한쪽 어깨가 올라가고 허리가 구부정해지는 고통을 이기며 가족들을 위해 기도하는 마음으로 썼다고 한다.『성경』을 베껴 쓰면서 최 씨는 고혈압 증세도 없어졌고 침침했던 눈도 나아져서, 돋보기를 안 쓰고도『성경』을 읽을 정도가 됐다고 한다. 그 이유는 고통을 이겨 내는 과정에서 정신력도 좋아지고 많은 나이에 뭔가 할 게 있다는 것이 즐거움을 가져다주었기 때문이라고 한다. 치매 예방에도 필사가 좋다. 손은 제2의 뇌라고 하며, 손으로 하는 모든 일이 뇌에 도움이 된다.

실제 필사를 해보면 정말 행복할 수밖에 없다. 한동안 나는 『성경』 필사를 하면서 방대한 양과 이해하지 못할 많은 내용들 때문에 중도에 멈추기를 반복해서 아직도 제대로 『성경』을 필사하지 못하였다. 전에 필사를 하다가 다른 일 때문에 2순위로 밀려서 잊어버리기도 했다. 그런데 요즘 들어 또 『성경』 필사를 하고 싶은 마음이 자꾸 난다. 그래서 〈잠언〉을 하루에 한두 구절씩 필사하고 SNS에 올리기 시작했다. 나는 더 지혜롭게 살고 싶었고 하나님을 더 간절히 찾고 싶었다. 그래서 멋진 그림 배경으로 인스타그램과 페이스북에 올렸고 많은 사람이 '아멘'을 해주며 관심을 보여주었다. 내가 행복하기 위해 시작한 필사가 다른 사람에게도 행복을 준 것이다. 나의 노력으로 수많은 사람이 그 한 문장, 한 구절을 보면서 힘을 얻는다. 이럴 때는 『성경』 책 전체가 아니라 한 구절도 힘을 줄 수 있다는 것을 깨닫는다.

나는 『부와 행운을 끌어당기는 우주의 법칙』과 『새벽 5시 필사 100일의 기적』을 필사하면서 원하던 삶을 배워간다.

"삶이란, 나의 생각과 감정, 느낌이 쌓여서 만들어진 것이다. 그래서 쉽사리 바꾸지 않는다. 삶을 바꾸고자 한다면 모든 것을 바꿔야 한다. 그동안 가졌던 생각과 감정, 느낌을 통째로 버려야 한다. 그리고 행복한 사람이 되었을 때 하게 될 생각과 감정과 느낌을 가져야 한다."

어떻게 살아가야 할지 몰라서 내가 원치 않는 삶을 살았었지만 이제는 든든한 스승님께 살아갈 방향과 어떻게 하면 더 윤택하게 살 수 있을지 배운다. 더 풍요롭고 조화롭고 행복한 삶을 누구나 원할 것이다. 그러나 원한다고 다 얻어지는 것이 아니다. 방법을 알아야 한다. 모르면 아는 사람한테 가서 배워야 한다. 더 풍요로운 삶을 살아가는 방법을 아는 사람들에게 배워서 변화될 수 있는 길이 있고, 그들이 도전할 용기를 북돋아주는데도 따르지 않아 나오는 결과는 자신의 몫이다. 그 길을 따라가는 사람들은 분명 자신의 과거의 삶을 변화시키고, 따라가지 않는 사람은 만족스럽지 못한 삶을 계속 살아간다. 그러면서 불평불만을 한다. 불평불만 대신 삶을 바꾸고자 노력해보라. 자신이 살아가는 방법으로 삶이 만족스럽지 못하면 다른 성공한 사람의 방법대로 한번 시도해보라. 더 아름다운 삶을 창조하기 위해 아름답게 살아가는 사람들을 모방해야 한다.

2014년 1월, 지능 연구 전문가 리처드 린 교수(영국 얼스터대학)의 보고서를 바탕으로 세계 185개국 국민의 평균 IQ표를 소개했는데, 홍콩이 107로 1위, 한국이 106으로 2위, 일본이 105로 3위, 중국이 100으로 12위, 미국이 98로 23위를 차지했다. 한국, 일본, 대만, 중국(홍콩), 싱가포르 등 태평양 연안 국가의 평균 IQ가 105 정도로 가장 높게 나왔고 그것이 이 지역의 경제적 번영을 가져온 원인이다. 특히 한국, 일본, 중국이

IQ가 높은 것은 젓가락을 사용하기 때문이다. 그중에서도 쇠 젓가락을 사용하는 한국이 IQ가 조금 더 높은 편이다.

캐나다의 신경외과 의사 와일드 펜필드는 인간의 뇌와 신체 각 부위간의 연관성을 밝힌 지도인 〈호문클루스(Homunculus)〉를 만들었다. 호문클루스는 대뇌 피질의 감각 영역과 운동 영역에서 신체 각 부위의 기능을 담당하는 범위가 어느 정도의 비율을 차지하고 있는지를 나타낸 것인데, 우리 뇌는 1순위 손, 2순위 입, 3순위 발의 영향을 받는다. 나는 요양시설에 일하면서 강사님들이 주로 여러 가지 박수를 치도록 가르치고 상체운동을 많이 하시도록 가르치는 것을 보아왔다. 어르신들 치매예방에도 손을 사용하는 것이 그만큼 뇌에 도움이 되기 때문이다.

작가가 되고자 하는 사람에게는 필사가 너무 중요하다. 성공자의 지혜의 핵심을 배울 수 있다. 의식을 상승하고 우리의 고정관념을 바꿀 수도 있다.

필사를 할 때 드는 그 느낌이 바로 글쓰기의 감각을 키워준다. 필사를 하면 책 속의 소중한 내용들에 집중을 하면서 가슴과 뇌를 채워산다. 나는 초보 작가로서 아직 진정한 작가의 길을 가려면 멀었다. 수많은 작가들이 작가가 되기 이전에 필사부터 시작했다. 이런 것을 보면 필사는 더

이상 미룰 수 없는 일이다. 특히 글발이 딸린다고 느끼는 나는 더 많은 양의 필사를 하고 더 많은 시간을 필사에 보낸다.

그러나 글쓰기에서 자유롭다고 해도 나는 계속 필사를 할 것이다. 필사를 하는 자들만의 행복한 느낌을 계속 갖고 싶기 때문이다. 좋은 습관을 계속 유지하고 싶다. 필사는 내가 평생 갖고 갈 행복한 습관이다. 필사는 나의 급한 성격을 차분해지도록 한다. 필사로 인해 주변의 많은 사람이 공감을 받고, 그들에게 도움이 되기 때문에 나는 날마다 새 힘을 얻는다. 필사로 다른 사람의 아름다운 삶을 베껴 쓰고 따라 쓰고 내 삶의 질을 높여간다.

나는 그냥 문자만 필사하는 것이 아니다. 아름답고 행복하고 풍요롭고 지혜로운 김도사, 권마담의 삶을 필사하고 있는 것이다. 필사는 사랑이고 필사는 행복이고 필사는 열정이고 동기 부여다. 사랑하고 행복하고 싶으면 필사를 해보라.

"우리의 말과 생각에는 에너지가 있다. 자신이 자주 생각하고 말하는 대로 살아가게 된다. 특히 소망을 소리 내어 말하고 상상을 하게 되면 강력한 에너지가 생겨난다. 이 에너지는 우주를 움직이는 동력이 된다."
— 『새벽 5시 필사 100일의 기적』 중에서

필사에도 원칙이 있다

우리가 살아가는 데는 모두 원칙이 존재한다. '원칙'이란 국어사전에서 '어떤 행동이나 이론 따위에서 일관되게 지켜야 하는 기본적인 규칙이나 법칙'이라고 정의한다.

요즘 아이들이 코로나로 집에서 온라인으로 수업하면서 집집마다 많은 일들이 일어난다. 우리집 큰아이들은 비대면 수업을 하고 나서 핸드폰과 연예인에 빠진다. 이제 초등학교를 막 입학한 막내는 비대면 수입에 제대로 적응하지 못하고 있다. 아이들끼리 집에서 비대면으로 수업을 한다고 해도 제대로 되지 않아서 진도를 잘 따라가지 못한다. 집에 어른이라도 있으면 집중해서 수업을 들으라고 하겠지만, 나도 워킹맘이라 언니들이 대신 막내를 챙겨준다.

아이들을 보면 스트레스도 많이 받는다. 지금은 요양보호사로 시설에 다녀 아이들을 돌볼 형편이 되지 않는다. 그러니 아이들끼리 집에서 여러 가지로 흐트러져 있다. 그래서 가정을 위해 자녀들이 조금이라도 덜 흐트러지라고 몇 가지 원칙을 정했다.

1) 하루 한 권 책을 읽는다.
2) 지금 하고 있는 온라인 학습을 우선으로 한다.
3) 학교 숙제 꼭 완성한다.
4) 저녁마다 나와 자녀 넷이 무조건 『성경』 한 장씩 읽는다.

일단은 위의 4가지는 필수적인 원칙이다. 가정을 살리려고 가족끼리 10분이라도 함께할 수 있는 시간을 갖는 것이다.

스스로에 대해서도 몇 가지 원칙을 세운다.

1) 무조건 1시간 이상 필사를 한다.
2) 무조건 가족 사랑을 우선으로 한다.

3) 무조건 저녁 시간에 집을 치운다.

4) 무조건 설거지를 미루지 않는다.

5) 무조건 새벽 3시 기상을 꾸준히 한다.

6) 무조건 내가 하는 일에 대해 핑계대지 않는다.

7) 무조건 자신이 지금 당장 행복해질 것을 선택한다.

8) 무조건 『나의 삶을 바꾸는 필사 독서법』완성한다.

9) 무조건 시간을 아껴쓰고 무엇이든 생산한다.

10) 무조건 지금보다 더 나은 삶을 살려고 노력한다.

이렇게 스스로 마음가짐을 다잡고 자신의 계획과 목표가 이루어지도록 자신을 채찍질한다.

필사에도 원칙이 있다. 내가 필사를 하는 가장 큰 이유는 내가 행복하기 위해서이다. 행복하기 위해서 필사를 하고 행복하기 위해서 자신의 꿈을 붙잡고 그 꿈을 향해 달려간다. 지금까지 1년 동안, 필사가 나를 행복하게 만들어주었고 에너지를 공급해주었고 내 몸과 마음이 우울함에서 벗어나게 했다.

필사는 깊은 이해의 독서이다. 필사를 하면서 나를 자주 돌아보게 된다. 내가 왜 전에는 삶이 힘들었는지, 내가 어떻게 힘든 과정을 되돌아보게 되었는지 알 수 있었다. 과거의 나는 메뚜기였다. 나보다 항상 문제가 더 크다고 생각했다. 과거에 나는 항상 '할 수 없다'로 한계 지었으며 아무 쓸모없는 내가 왜 살아가야 하는지를 모르겠다며 그냥 숨이 붙어 있으니 살았다. 그럼에도 불구하고 하나님은 나를 왜 부르지 않으셨을까? 스스로 포기한 나를 왜 하나님은 데려가지 않으셨을까? 도대체 나에게 무엇을 원하셨을까? 나는 늘 이런 질문을 해봤다.

"왜 내가 살아야 하는가?"

나는 미치도록 행복하고 싶었다. 나는 내가 하는 선택이 다 옳아서 좋은 결과를 나타내기를 마음 깊이 바랐다. 그러나 나는 어떻게 해야 행복한 삶을 살아갈 수 있는지를 알 수 없었다.

나 같은 인간에게도 하나님이 원하는 것이 있었다. 바로 내가 행복하기를 원하셨던 것이다. 나는 이러한 것을『부와 행운을 끌어당기는 우주의 법칙』필사를 하면서 알게 되었다.

이 책은 내가 그토록 갈급했던 가난에서 탈출할 수 있는 방법을 가르쳐주었다. 내가 좋아하는 김도사님과 권마담님의 공저로, 나는 이 책을 읽을 때마다 가슴이 너무 뛰어 터져나올 것만 같았다.

책에 "가난한 사람에게 필요한 것은 자선이 아니라 자극이다."라는 말이 나온다. 이때까지 내가 가난했던 이유는 현실의 삶에 만족하고 안주했기 때문이었던 것이다. 돈 밝히는 것을 좋아하지 않았다. 어릴 때부터 별 특별한 욕심도 없이 살았고 하고 싶은 것도 갖고 싶은 것도 예쁜 것도 없었다. 그런 것을 가지면 사치인 줄로 알았다. 가난해서 돈이 좀 더 필요해도 차마 하나님께 돈이 필요하다고 이야기도 못했다. 혼자서 끙끙거리면서 힘든 날들이 끝나기를 그저 기다렸다. 나는 가난한 생각으로 불평불만을 하면서 삶을 바꿀 생각조차 하지 못하였다. 그저 나는 불행하게 살아야 하는 팔자인 줄 알고 그렇게 가난하게 살아가는 것이 당연하다고, 나는 빚을 갚기 위해 태어났다고 생각했다. 내 삶은 늘 가난의 연속이었고 스스로 고치려고 노력하지 않는 한 삶이 바뀌지 않을 텐데도 말이다. 나 자신의 생각과 마음을 바꾸려고 노력하지 않으니 날마다 팔자타령만 했다.

그 책을 읽으면서 나는 자극을 받는다. 도사님의 말씀, 권마담님의 말씀에 나도 행복하게 경제적 자유를 누리며 살아갈 수 있고 나도 그런 특권을 가지고 태어났다는 것을 깨닫는다. 나도 풍요롭게 살아갈 수 있다는 것과 부를 누리고 자유를 누릴 자격이 있다는 것이다. 많은 사람이 부와 자유와 건강과 행복을 누리고 사는데 왜 나만 가난해야 하는가? 왜 나는 월 1,000만 원 벌면 안 되는가?

그때까지 내가 제일 바랐던 것은 월 1,000만 원을 버는 것이었다. 그렇게 벌면 나는 대출을 다 갚고 빚에서 탈출하여 조금 더 자유로운 생활을 할 수 있다고 생각했다. 그것이 최대의 꿈이었다. 그래서 남편에게도 그런 이야기를 한다. 우리 같이 가난한 사람도 마인드를 바꾸고 부자들이 한 대로 하면 월 1,000만 원도 벌 수 있다고 말이다. 남편이 나보고 '꿈 깨라, 월 1,000만 원은 포기하라, 우리 주제에 어떻게 그렇게 버냐, 나는 지금 삶에 만족한다'고 했다. 나는 그날 저녁 너무 억울했다.

왜 남들은 월 1,000만 원 벌고 더 많은 돈을 기하급수적으로 버는데 나는 꿈도 꾸면 안 되는가? 나는 참으로 이 남자 말대로 헛된 꿈만 꾸는 것인가? 나는 정말 가난하기 위해 태어났는가?

분명 김도사님은 월 1,000만 원 버는 방법을 알았고, 많은 수강생들에게 그렇게 가르쳤다. 그리고 가르침을 받은 많은 사람이 성과를 냈다. 월 1,000만 원을 넘어 월 억대 버는 선배 작가님들도 있었다. 다른 사람들은 하고 있는데, 내가 이루지 못하라는 법이 어디 있는가? 내 속에서는 부글부글 분노가 끓는다.

나는 모든 가난한 의식을 뒤짚고 도사님 말씀대로 따라가고 싶었다. 나를 한계 짓는 작은 꿈에서 벗어나 더 큰 꿈을 꾸고 싶었다. 이제 꿈이

클수록 더 큰 세상으로 나갈 수 있다는 것을 안다. 〈한책협〉을 다니면서 나는 갖고 있는 빚을 다 갚는 것, 이 꿈이 얼마나 보잘 것 없는지를 깨닫게 되었다. 이제 나의 꿈은 단지 월 1,000만 원 벌어 빚에서 벗어나는 것이 아니다.

나는 책을 쓰고 자신을 퍼스널 브랜딩하여 1인 지식창업을 하고 더 많은 사람에게 지식을 나누어주는 것을 꿈으로 가졌다. 월 1,000만 원 못 벌어도 괜찮다. 더 큰 꿈을 갖고 김도사님 말씀대로 따라 살아보고 싶었다. 결과를 만들어내고 싶었다. 하고 싶은 것들이 많이 생겨서 버킷리스트라는 것을 썼고, 또한 버킷리스트는 이루어진다는 것을 안다. 내가 〈한책협〉과 함께하며 최고의 코치에게 배우고 자수성가하여 성공한 사람의 가르침대로 따라가면 성공하는 사람이 될 것이다.

내 주변 사람들은 자유스러운 삶을 살아보지 못하였기에 본인도 다른 사람도 그렇게 멋지게 성공할 수 있는 능력을 갖고 있음을 모른다. 정말 너무 안타깝다. 의식수준이 이처럼 중요하다는 것을 깊이 새기며 의식수준을 높이는 데 시간과 노력을 투자한다. 의식이 변하고 고양되면 내가 원하는 풍요로운 삶은 저절로 따라온다.

이런 깨달음을 주는 책을 여러 번 반복적으로 읽고 필사하며 삶의 진정한 의미를 알아가게 된다. 앎을 위하여 우리는 이 세상에 내려온 것이다. 책은 정말 소중한 나의 멘토이다. 보통 사람들은 이런 책을 잘 보지 않고 주변에 보라고 추천해주는 사람도 없다. 〈한책협〉에서만 볼 수 있는 이 귀한 책으로 의식을 고양시키고 우리의 본래의 모습을 회복하고자 애쓸 수 있게 되었다.

필사로 자신의 감정을 다스린다

책을 보기 이전에 나는 내 삶이 왜 이렇게 힘든지, 왜 나는 내 삶을 감당할 수 없었는지 몰랐다. 꿈도 비전도 없이 그냥 살아가니 나의 존재는 점점 더 바닥으로 내려갔다. 스스로 존재감을 찾을 수 없을 때 세상을 다 잃은 것 같았고 삶에 회의감이 들었다. 그래서 늘 부정적 생각을 하고 부정적인 삶을 끌어당겼다. 하는 일마다 안 되니 더욱 자존감이 떨어졌다.

결국 나는 '아무것도 할 수 없는 존재'가 되어버렸다. '니는 쓸모없다'고 생각하니 세상에 살아갈 용기가 나지 않았다. 정말 미칠 것만 같았다. 집도 가정도 다 버리고 삶에서 도망가고 싶었다. 그때는 왜 책을 읽고 삶을 바꾸겠다는 생각을 하지 못했을까? 왜 주변에 책을 보라고 권하는 사람이 없었을까? 왜 새로운 삶에 한번 도전해보라고 권해준 사람이 없었을까?

그러나 책을 읽는 지금은 삶이 너무 행복하다. 모든 것이 다채롭고 하고 싶은 것들이 많아졌다. 날마다 하고 싶은 일이 많아서 잠을 잘 시간조차 아깝다. 내일을 위해서 필요하기 때문에 자는 것이다. 잠 잘 때도 베개에 머리만 갖다 대면 잠을 잔다. 그만큼 자신을 갈고닦기 위해 날마다 열심히 달리기 때문에 피로감도 쌓이지만 삶은 충만해진다.

독서를 하면서 존재감을 '없음'에서 '충만함'으로 끌어올리니 새로운 마음으로 세상을 바라볼 수 있게 되었다. 나 혼자만 힘든 게 아니다. 살아가는 모든 사람이 힘들다. 우리는 이렇게 힘든 삶을 체험하기 위해서 고차원적인 영혼 그룹에서 이 지구별에 왔다. 우리는 용감한 존재였다. 지금보다 훨씬 용감한 존재였다. 원하는 것을 즉각적으로 얻을 수 있고 모든 것이 바라는 대로 바로 되는 곳에서 왔다. 그러나 3차원적인 지구에서는 모든 과정을 거쳐야만 원하는 것을 이룰 수 있기 때문에 우리는 결과를 이루는 과정을 체험하고 실패도 해보면서 그 속에서 자신이 영적인 존재였다는 것을 깨닫는다. 우리는 원래 영적인 존재였으므로, 이 세상에서 살아가면서 영적 성장을 이루어 마침내 영적으로 깨어난다. 자신이 한계가 없는 창조주 신의 일부라는 것을 깨닫고 자신의 한계를 뛰어넘어 더 멋지고 아름다운 결과를 만들어내는 것이다.

하나님의 창조 능력이 우리 안에서 깨어날 때 우리는 자신의 깊은 곳에 있는 '내 안의 잠든 거인'을 깨우게 된다. 거인이 깨어나면 우리 자신도 놀랄 수밖에 없는 어마어마한 에너지가 방출되어 원하는 삶을 살아갈 수 있다.

지금 나는 여러분에게 세상살이가 힘들다면 다른 삶에 도전해보기를 권한다. 여러분을 위해서다. 나는 가장 힘들 때 책을 보는 데, 책을 쓰는 데 도전했다. 이 과정에서 습관적으로 드는 부정적인 감정 때문에 좌절할 때도 있었고, 주저앉기도 했었다. 그러나 그때마다 다시 일어섰다. 책을 보면서 동기 부여와 자극을 받아 내면에 스스로 일어설 수 있는 힘이 길러졌다.

나는 필사를 하면서 감정을 다스린다. 어떤 때는 화가 날 때도 있다. 그것은 지금 현실 때문에 나는 것이 아닌 지난날에 잠재의식 속에 각인되었던 것들이 나도 모르게 불쑥불쑥 나타나는 것이다. 필사하면시 이리한 안 좋은 감정들을 잠잠히 가라앉히고 부정적인 생각을 흘려보낸다. 타이핑하고 책 속의 좋은 문장이나 내용들을 글로 써나갈 때 새롭고 긍정적인 좋은 것으로 나 자신을 채워나간다. 필사를 할수록 더욱 긍정적으로 변화되어간다. 그렇게 잠재의식에 있던 부정적인 감정을 다 흘려보내면 그때부터는 좋은 에너지로 충만하여 새로운 삶의 결과를 맛보게 될 것이다.

화나거나 스트레스를 받거나 미워하거나 싫어하거나, 이런 불안하고 안 좋은 감정들이 당신을 지배하고 있다면 필사를 권한다. 특히 미래에 대해 불안할 때 자기계발서 중 성공학이나 부에 관한 책, 네빌 고다드의 형이상학에 관한 책, 세계에서 몇십만 부 또는 몇백만 부씩 팔린 책을 골라들고 죽을 각오로 필사를 하라. 만족하지 못하는 현실의 삶을 꼭 바꾸겠다는 의도가 강한 필사는 우리에게 새로운 생명을 불어넣어준다. 책 한 권을 필사하면 오는 성취감이 책 한 권을 다 읽은 뿌듯함보다 훨씬 강한 몇 배의 에너지를 마음에 불어넣어준다.

삶이 지겹고 도망가고 싶은 사람이라면 꼭 한번 필사를 해보기를 권한다. 자기 나름대로 자신에게 도전의 불을 지필 수 있는 방법이 있을 테니 각자에게 맞는 방법을 추천한다. 나는 필사를 통해 삶에 새로운 불을 붙였기에 필사를 권하는 것이다. 나는 필사를 잘할 수 있고, 필사로 고정적인 낡은 관념을 뒤집어가면서 하루하루를 긍정적인 마음으로 충만하게 채우며 행복하다.

독서도 삶에 도전하는 것이다. 새벽 독서는 더욱 큰 의지력을 보여준다. 새벽 필사는 더 큰 놀라운 결과를 만들어낸다는 것을 나는 확신한다.

우리나라 필사 전도사로 자칭하고 싶다. 책을 안 읽던 사람들이 내가 쓴 필사에 관한 책을 보고 필사를 실행해보면 책을 읽는 습관이 바로 세워질 것이다. 필사로 세운 독서 습관은 단단하다. 흔들리지 않고 독서 슬럼프에 쉽게 빠지지 않게 한다. 필사는 꾸준함의 결과물이다. 독서도 새벽 기상도 필사도 모두 자신을 꾸준하게 발전시켜 나가는 방법이다. 단순하게 생각하고 무식하게 행동하고 꾸준히 지속적으로 독서하는 습관을 가지고 살아간다면 하루하루 충만해진다.

무의미했던 삶이 충만해질 때 우리는 행복함을 느낄 수 있다. 날마다 필사하는 나는 행복하다. 성공한 사람들은 '당신이 하고 싶고 자신이 제일 기쁘고 즐거운 일을 하라'고 한다. 일에서 좋은 성과를 이루고 좋은 결과를 내는 것이 사람을 성장시킨다. 이런 작은 성취의 경험이 쌓여서 더 큰 성공을 이룰 수 있게 한다.

나는 필사가 그렇게 좋다. 필사할 때마나 가슴이 뜨거워지고 행복하고 머리가 맑아지고 책의 내용들이 잘 기억된다. 많은 사람이 함께 내가 누리는 기쁨과 행복을 느껴봤으면 좋겠다는 생각을 가진다. 사람들도 필사량이 어느 정도에 도달하면 필사 독서에 만족할 수 있을 것이다.

　필사는 꼭 필사 '독서'만을 고집하지 않는다. 신문이나, 칼럼, 잡지, 성공학, 소설, 시, 명언, 나를 자극할 수 있는 모든 것을 필사하면 된다. 그러나 나는 자신이 좋아하는 분야를 찾아서 그 방면에서 성공한 사람들의 책을 필사하는 것을 권한다. 그럴 때 긍정적인 좋은 에너지가 자신에게 집중된다.

　독서를 넘어서 하는 필사는 삶에 지치지 않는 긍정의 에너지를 주변에 전파한다. 오늘도 새벽 3시에 일어났지만 나는 직장에서도 에너지 넘친다. 주변 사람들이 인정한다. 그래서 그런지 내가 다니는 시설에 요양보호사 팀장님은 나를 많이 아껴준다. 주변 선생님들이 팀장님이 나를 아껴주고 사랑해준다고 말한다. 나의 넘치는 긍정적 에너지 덕에 어르신들도 나를 좋아하고 사랑해주신다. 나는 어르신들 대하면서 늘 사랑을 베풀 수 있다. 기꺼이 어르신들의 손발이 되어주는 것이 힘들지 않다. 날마다 나의 마음과 감정을 다스리니 어르신들도 내가 편하신가 보다. 어떤 때는 주변 선생님들이 자신의 감정을 어르신에게 전가하는 것이 보인다. 그렇게 하면 안 되는 줄을 알지만 그렇게 되는 것이다. 몸으로만 하는 일에 많은 스트레스를 받고 많이 힘들어한다. 나는 요양보호사 선생님들도 책을 읽을 수 있는 환경이 마련되어 그들의 마음을 긍정에너지로 채웠으면 좋겠다는 생각도 가져본다. 요양보호사들도 자신의 일에만 매달리지 말고 자기계발을 해야 한다. 마음 챙김에 관한 책도 자존감 높여주는 책도 다 좋다.

우리나라는 지금 독서 후진국이지만 많은 사람이 필사를 하는 단단한 독서 습관을 가지게 되어서 독서 선진국이 되었으면 좋겠다. 국민의 독서량을 키우고 국민이 더욱 행복하고 충만한 삶을 살았으면 좋겠다. 나는 『나의 삶을 바꾸는 필사 독서법』이 많은 사람에게 독서의 불을 지펴줄 수 있었으면 좋겠다. 독서로 지혜로워지고 필사로 더욱 충만하고 행복해지자.

필사는 나를 바꾼다

　사람을 바꾸는 여러 가지 방법이 있다. 운동으로 바꿀 수도 있고 예술적인 것으로 바꿀 수도 있고 독서로 바꿀 수도 있다. 외부에서 아무리 바꾸라고 조언해도 사람은 스스로의 의지에 의해서만 변화될 수 있다. 단단하던 고정관념이 깨지는 순간 사람은 바뀐다. 자신의 현실에 만족하지 못할 때 고정관념을 바꾸자. 삶을 새로운 시선으로 바라볼 수 있다. 하던 대로 습관대로 하면 절대 우리는 고정적인 틀에서 벗어나지 못한다. 자신의 삶을 바꾸고자 한다면 관념을 뒤집어야 한다.

　나는 독서가 나의 삶을 바꾸었다고 생각한다. 독서를 하지 않았을 때는 우리 가정만 눈에 보였고, 힘든 삶은 나에게만 있는 줄 알았다. 그러나 책을 읽으면서 삶 자체가 힘든 것임을 알게 되었다. 나의 가정만 보던 내가 주변과 사회를 보게 되었다. 모두가 힘든 삶인데, 누구 앞에서 세상 다 잃은 듯이 한탄을 하겠는가? 조언을 해주는 주변 사람도 힘든 삶을 살고 있다. 그 사실을 안 나는 더이상은 삶이 힘들다고 투정할 수 없다.

이왕 지구에 힘든 삶을 체험하러 왔으면 즐겁게 충만하게 살아가야 한다. 힘들다고 말할 때 더 힘든 삶을 끌어오고 더 힘든 일들이 일어나게 된다. 우주의 법칙, 즉 긍정적인 것은 긍정적인 것을 끌어당기고 부정적인 것은 부정적인 것을 끌어당긴다는 법칙이다.

새벽 필사를 하면서 삶은 더욱 긍정적으로 바뀌어간다. 나는 날마다 세상을 더 크게 더 넓게 본다. 가정만 보고 내 주위만 보던 내가 사회를 보게 되고 지구를 보게 되고 세계를 보게 되고 나아가서 우주를 보게 되었다. 나는 여러 책을 필사하면서 나의 영혼이 왜 지구에 왔는지를 확실하게 알게 되었다. 인간만이 최고의 존재인 줄 알았는데 지구 외에 수많은 행성과 은하계에 수많은 존재가 있을 수 있겠다는 생각도 했다.

우리는 자신 속에 무한한 능력을 갖고 있다. 그 능력이 잠자고 있으니 그 능력을 깨울 필요가 있다. 주변에서 종종 기적의 소식을 들을 때가 있다. 어린아이가 높은 아파트의 베란다에서 노는 도중 엄마가 오는 것을 보고 반가워하다 떨어지는 순간, 엄마가 떨어지는 아이를 받았다는 일. 차가 아이를 덮치려는 순간, 엄마가 그 차를 들었다는 일. 평소에 없던 특별한 힘들이 위기의 순간에 나타나는 것도 다 우리 자체에 특별한 힘을 갖고 있기 때문이다. 이러한 기적적인 일들은 우리가 종종 들을 수 있다.

나는 『부와 행운을 끌어당기는 우주의 법칙』을 필사하면서 나의 존재 자체가 무한한 존재라는 것에 너무 놀랐다. 아무 쓸모없다고 생각했던 나 자신이 엄청난 능력을 갖고 있다는 내용들이 나를 위로한다.

"지금의 삶을 바꾸는 방법은 나 자신의 행동과 생각에 있다."

나는 〈한책협〉에서 행동력을 배워간다. 이전 삶을 돌아보면 나는 늘 핑계를 대고 '할 수 있다'는 마음보다 '할 수 없다'는 마음으로 현재의 삶에 안주하면서 살고 있었다. 늘 자기합리화를 했다. 나는 이 문장을 보면서 핑계를 대지 않고 행동할 방법을 찾기 시작했다. '무조건 된다'는 생각으로 일단 실천하려고 애쓴다. 책 쓰기도 그렇고 모든 것은 일단 시작하는 것이다. 부자들은 행동력을 중시한다. 나는 〈한책협〉에 다니면서 지난날 엄청 부지런하고 열심히 살았다고 생각했던 우리 삶이 얼마나 게으른 삶이었는지를 깨달았다.

나만이 이런 책을 믿고 이 책처럼 행하고자 하는 것이 아니다. 이런 책을 믿고 관심 가지는 사람들이 엄청 많다.

많은 사람이 삶을 바꾸고자 하지만 어떻게 바꿀지를 모른다. 독서를 많이 한다고 삶이 바뀌는 것이 아니다. 의식이 바뀌어야 된다. 우리의 모든 생각과 행동을 결정하는 것이 바로 의식이다. 의식을 바꾸어야 삶을 바꿀 수 있다는 사실을 이제 확신한다.

필사를 하면서 신중하고 차분하게 집중해서 책을 읽으면서 더 잘 이해하고 더 오래 마음에 간직하며 좋은 습관으로 체질이 바뀌어간다. 긴장하고 불안할 때 필사를 하면 긴장과 불안을 해소할 수 있다. 또 우울할 때 필사를 하면 필사하는 책에 집중하면서 주변 환경보다 더 멋진 책 속의 내용에 몰입하게 되고 우울한 감정이 필사를 통해 사라진다. 필사를 습관적으로 할 때 우울한 감정은 언제 사라졌는지도 모르게 사라지고 긍정적인 마음으로 변하여 생각이 정화된다.

한번은 이런 일이 있었다. 저녁에 남편은 보통 10시 이후 핸드폰을 방해금지 모드 상태로 설치해놓는다. 그런데 어느 날 저녁 남편이 10시 이

후에 집에 들어오지 않았다. 전화를 해도 연락이 되지 않고 애간장이 탔다. 남편이 올 때까지 기다리면서 불안한 마음이 들었다. 차를 타고 동네 한 바퀴 돌아볼까 생각했지만 불안한 마음으로 운전하다가 사고가 날 것 같은 느낌이 들었다. 그래서 집밖에 나가지 않고 좋아하는 책을 필사를 하기 시작했다. 30분 정도 필사를 하니 마음에 불안이 사라지고 잠을 잘 수가 있었다.

이튿날 아침, 남편이 보통 일 가는 시간인 7시쯤 전화를 했다. 물어보니 아는 형님네 집에서 술을 마시다 잠이 들었다고 했다. 별일 없었음에 감사했다.

나는 그 후로 불안한 마음 또는 힘들다는 마음이 생길 때마다 일단 필사를 시작한다. 모든 것을 잊고 오로지 필사에만 집중하게 되는 그 시간이 너무 행복하다. 그때마다 힘과 동기 부여를 주고 부정한 기분을 긍정적으로 바꾸는 필사의 놀라운 능력을 체험한다. 살면서 부정적인 생각도 순간순간 들지만 그 생각들은 필사를 하면서 기억하게 된 문구들로 인해 덮인다.

필사는 정화의 능력이 있음을 확신한다. 필사는 사람을 꾸준하게 하는 사람으로 만들어간다. 필사로 성격이 다져지니 주변 사람들이 응원해주고 인정해준다. 그런 것을 느낄 때마다 더욱 필사에 대한 열정에 불이 붙는다.

나는 필사를 하면서 '주변 사람들도 나처럼 행복했으면.' 하는 마음을 항상 가지고 있다. 마음의 근육을 키워나가고 삶을 바꾸기 위해 시작한 필사는 작가의 꿈에 한 발 더 가까이 가게 하였다. 꾸준한 필사를 통해 필력과 책을 보는 통찰력, 어휘적 감각이 향상되어 문장 감각과 윤리 감각까지 높아지고 있다. 이렇듯 꾸준한 필사는 나의 삶을 더 높은 차원으로 이끌어간다.

한 번 베껴 쓰기는 책을 몇 번 보는 것보다 낫다. 『미친 꿈에 도전하라』를 베껴 쓰면서 나는 꿈을 가지고 꿈에 대해 도전하는 방법을 배웠다. 꿈을 이루고자 하는 욕망도 그 책을 필사하면서 배웠다. 꿈이 있을 때 어떻게 그 꿈을 놓지 않고 꽉 붙잡고 나아가는지도 배웠다.

이 책을 필사하면서 공저자인 권마담님(위닝북스 대표)과 더 친해지게 되었다. 그의 스토리를 알게 되니 그가 더 대단해보였다. 그가 이루었기에 나도 이룰 수 있음을 배웠고 그가 책을 써 냈기에 그에게서 배우는 나도 책을 써낼 수 있다고 확신했다. 자수성가한 100억 부자의 겸손함과 그가 스스로 고난을 딛고 이겼다는 사실이 동기 부여가 되었다.

고생을 나보다 훨씬 많이 한 것도 알 수 있었다. 쉽게 하늘에서 돈이 뚝 떨어진 것이 아니다. 다 힘든 과정을 이겨냈기 때문에 오늘날 젊은 부자로 성공할 수 있었다. 그래서 그는 제자들이 자신처럼 성공할 수 있도록 최선을 다해 자신의 경험을 가르치며 수많은 수강생들의 존중과 존경을 받고 있다. 나는 그와의 시간을 가지는 것이 행복하다. 충실한 조언을 들으면서 앞으로 나아가야 할 길을 열어가고 있다. 꿈을 향해 목적을 향해 달려가고 있다.

이제는 일반 독자가 아닌 작가의 눈으로 독서를 하고 작가의 습관으로 필사를 하고 성공한 작가의 삶으로 살아가는 연습을 해야 한다. 작가에게는 필사가 기본이다. 매일 이어지는 필사는 날마다 초보 작가를 성숙한 작가로 만들어간다. 필사를 통해 점점 의식도 바뀌고 생각도 바뀌고 마음도 바뀌고, 나의 삶 전체가 바뀌고 있다.

필사하는 나는 지치지 않는다

요즘 첫 책 『새벽 독서의 힘』을 홍보하느라고 SNS에서 많은 활동을 한다. 주변에 새벽 기상하는 사람들을 SNS에서 팔로잉한다. 그들은 내가 새벽에 만들어내는 콘텐츠에 관심을 가지고 '좋아요'를 눌러준다.

나는 『새벽 독서의 힘』을 통하여 이미 새벽 시간 활용 전문가가 되어 있다. 어떤 사람이 인스타그램에서 책을 1년에 70권 읽고 싶은데 잘 안 된다고 나에게 도움을 요정했다. 또 어떤 사람은 독서를 나름대로 많이 하는 사람인데 지금 삶이 무기력해지고 있다고 한다. 나는 그들에게 내가 필사를 하면서 행복을 느꼈던 점들을 이야기해주었다. 의식 변화를 일으키는 책을 읽어보라고 책 추천도 해주었다. 또한 새벽 시간을 활용하라고 적극 추천했다.

나는 새벽 시간을 이용한 필사독서로 변화된 삶을 살고 있음을 『새벽 독서의 힘』이라는 책에서 증명했다. 나는 새벽 기상을 할 수 있다는 게 자랑스럽다. 새벽 기상을 하면서 이전에 상상도 하지 못하는 많은 것을 이루어가면서 성취감을 느낀다. 매일 필사와 블로그, 카페활동, 온라인 활동, 직장생활, 가정생활 등 이 많은 일을 어떻게 해나가는지 나도 놀랍다.

나는 항상 필사를 1순위로 정한다. 새벽에 하루 독서를 시작하는 것이다. 아무런 방해가 없는 새벽에 온전히 필사하는 타이핑 소리만 난다. 나는 이 타이핑 소리가 귀에 익다. 이 소리가 나를 안정하게 만든다. '타닥타닥' 하는 타이핑 소리는 나를 온전히 필사에 집중하게 만든다. 필사로 온전히 집중하는 모습에서 날마다 삶이 조금씩 모든 면에서 좋아지고 있다. 지금 필사하고 있는 의식에 관한 책 『새벽 5시 필사 100일의 기적』에 이런 구절이 있다.

"자신의 배움과 능력을 한정하지 마라. 지금의 월급으로 당신을 단정한다면 평생 변하지 않는 그저 그런 삶을 살게 된다. 돈보다 시간을 아껴야 한다. 그리고 더 크게 성공하고 더 크게 벌면 된다. 누군가 했다면 당신도 할 수 있다."

　내가 이 말씀들을 필사하면서 얼마나 많은 용기를 받는지, 모두 말할 수 없을 정도다. 말 한 마디 한 마디가 나를 자극하고 깨어나게 한다. 내 안의 거인은 이제 깨어나려고 자세를 취한다. 나는 날마다 거인을 깨우면서 그 거인이 마침내 깨어나기를 바란다.

　『성경』에 "여호와를 앙망하는 자 독수리같이 날아오른다."는 말씀이 있다. 늘 나와 창조의 근원이신 하나님과의 통합과 일치성을 앙망하면서 나는 창조주의 딸로서 창조주의 놀라운 신성을 가지고 있음을 조금씩 깨달아간다. 전지전능한 창조주가 나의 아버지라면 딸인 나에게도 그의 놀라운 능력들의 유전자가 흐르고 있다고 생각한다.

　이런 내용을 모르고 요양보호 시설에 출근해 인간적인 사랑으로만 일을 했을 때는 상처도 많이 받고 사람들에게 치여 쉽게 지친다. 주변 선임 선생님들도 힘들다고 하고, 실제로 몸도 힘들지만 대체로 치매환자들과 고집불통인 어르신들 상대하면서 많이 힘들어졌다. 이런 힘든 날들이 쌓이면서 몸에 이상 신호도 오고 마음도 하루하루 견디고 버티듯 살아갔다. 이렇게 하루하루 살아가면 직장에서 주는 월급만 위로가 되었다.

그러나 지금 나는 생각이 다르다. 책을 읽고 더욱 큰 세상을 바라보면서 더욱 큰 범위에서 도전을 한다. 눈앞의 이익만 보는 것이 아니라 우주와 지구 밖의 존재, 5차원 이상의 존재에 관심을 가져 나의 의식을 5차원 이상으로 고양시키기 위해 날마다 새벽 3시에 일어나서 필사하면서 하루를 시작한다. 또한 자기계발의 끝인 책 출간을 위해 책을 읽으며 원고도 한 꼭지씩 완성해나간다. 그러고 나서 출근하면 마음이 더욱 뿌듯하다. 무언가를 성취하기 위해 노력하고 자신을 갈고닦아 배우며 새벽부터 저녁 늦게까지 충만한 삶을 살아간다. 하루가 충만하니 삶에 지치지 않는다.

처음 새벽 독서를 할 때만 해도 슬럼프도 오고 달콤한 잠의 유혹도 받았지만 이제는 내가 들이는 시간만큼 결과가 나온다는 것을 안다. 멋진 꿈을 가지고 자신을 위해 투자하고 있으니 새벽 시간을 그냥 잠으로 흘려보내는 것을 허락하지 않는다. 새벽 시간을 흘려보내면 얼마나 아까울지 생각한다.

부자들은 시간과 건강을 중요하게 생각한다. 그래서 하루에 똑같이 주어진 24시간을 최대한 활용하고 거기에 상응한 결과를 만들어낸다. 나는 이제 하루의 1순위를 필사로 정한다. 예전보다 시간 개념도 바뀌었다. 지금 나의 시간은 미래의 결과를 끌어당기는 시간이다. 내가 내 삶을 바꾸기 위해 새벽 시간을 활용하면 새벽에 자는 사람들보다 더 많은 일들을 할 수 있다. 꾸준한 새벽 기상은 힘든 삶을 이겨나가는 힘과 성취감을 준다. 몇가지의 특별한 작은 성공을 새벽부터 맛본다.

『자조론』 중에 이러한 말이 있다.

"인생의 가장 큰 위업은 대체로 단순하고 평범한 수단과 자질로써 달성된다. 평범한 일상생활 가운데에서도 관심을 가지고 필요를 느끼며 의무를 다하면 최상의 경험을 얻을 기회가 풍부하다. 진정한 일꾼은 많은 사람이 왕래해 잘 다져진 길을 택해야 노력의 결실을 풍부하게 거두고, 자기 발전을 꾀할 수 있다. 예전이나 지금이나 꿋꿋이 근면하게 일할 때 번영에 이르는 길에 들어설 수 있다. 끈기와 성실한 마음으로 일하는 사람이 성공하게 마련이다."

꾸준한 필사는 삶을 성공으로 이끌어갈 끈기와 성실함을 만들고, 마음을 단단히 하고 굳세게 한다. 더욱 주장과 목표가 분명해진다. 꿈을 향해 전력으로 달리도록 능력을 준다.

프랑스의 유명한 외교관이자 사상가 메스트르(Maistre)가 이렇게 말했다.

"기다릴 줄 아는 것이 바로 위대한 성공의 비결이다."

  필사는 가장 느린 독서이다. 한 권의 책을 필사하는 데는 많은 시간이 필요하다. 그러나 이 시간들은 그냥 흘러가는 것이 아니다.

  한 권의 책을 필사하면서 인내심을 키우며 인생행로를 한 발짝씩 내딛는 것이다. 빨리 읽고 다른 책을 읽고 싶은 욕망을 다스리고 한 권의 책을 묵묵히 써 내려간다. 마치 농부가 수확하기 위해 씨를 뿌리고 수확할 때까지 기다리는 것과 같다.

  원래 나의 성격은 양은 냄비 같았다. 이랬다저랬다 빨리 변했다. 한 가지도 꾸준히 하지 못했다. 느리고 천천히 이루어지는 필사는 자기 자신을 다스리고 통제하도록 해준다. 지금 내 성격은 필사를 통하여 꾸준히 하는 성격으로 바뀌어가고 있다. 필사를 통해 분노를 조절하고 스트레스를 풀고 인생을 되돌아본다.

  필사는 나의 성품을 성공자의 성품으로 바꿔준다. 날마다 인내하고 만족하고 충만하고 행복해한다. 작은 것에도 만족할 수 있도록 마음을 다잡아준다. 욕심을 내지 않고 작은 것에 만족할 수 있는 것이 행복을 이루는 길이다.

나는 오늘도 내가 좋아하고 내가 하고 싶은 일을 한다. 그래서 행복하다. 다른 사람의 눈치를 보지 않고 오로지 내가 원하는 것에 집중하면서 조금 더 나은 하루를 시작한다. 남들이 잠자는 이 새벽, 나의 필사와 원고 쓰기가 이루어진다. 오늘도 한 꼭지를 완성했다는 성취감이 나를 휩싸고 그런 성취감을 안고 생계를 위한 일을 시작한다. 생계를 위한 일도 힘들지 않고 즐겁고 기쁘게 느껴진다.

생계를 위한 일만이 위주였던 삶은 지치고 무기력했다. 새벽 필사를 하고 있는 지금은 다르다. 오늘도 덤으로 살며 생계를 위해 하는 일에 파이팅하자.

2 - 8

필사하는 동안 가슴이 뜨거워진다

"젊은이들이 조언을 구한다면 나는 이렇게 말하리라. 자기보다 나은 사람을 사귀어라. 책에서든 인생에서든 그것이 가장 도움이 되는 교제다. 올바른 것을 흠모하는 법을 배워라. 인생의 기쁨은 거기에 있다. 위인은 무엇을 흠모했는지 살펴보라. 위인은 위대한 것을 흠모하지만, 편협한 사람은 천박한 것을 흠모하고 비열한 것을 숭배한다."

— W. M 새거리

무슨 일을 하든지 그는 마음을 다 쏟았다. 그래서 하는 일마다 뜻대로 되었다.

지금 와서 생각해보면 내게도 가슴 뛰는 일이 몇 번 있었던 것 같았다. 첫 번째는 20대 초반의 일이다. 그때 나는 교회를 알게 되고『성경』을 접했다. 사회 경험도 없고 지식도 없을 때, 다른 고등학교 동기들은 대학교에 갈 때 나는 집안형편이 어려워 대학교 대신 직장생활을 선택했다. 내가 자란 연변은 직장 삼을 마땅한 회사가 없었고 당시 나는 집을 떠나 독립하고 싶었다. 그래서 중국 제일 남단에 있는 광동성의 한국 회사에서 일했는데, 첫 직장 생활로 스트레스를 많이 받았다. 특히 짧은 지식은 나를 더욱 힘들게 했다. 그럴 즈음 친구의 추천으로 찾아가게 된 조선족 교회에서는 주일마다 하루종일 몇십 명의 조선족들이 모여 예배하며 교류하고 있었다. 나는 그 공동체 속에서 많은 사랑을 받으면서 행복했다.

　그렇게 교회를 다니면서 나는『성경』을 보고 싶어졌다.『성경』을 처음 접했을 때 나는 가슴이 뛰었다.『성경』이 너무 새로웠다. 나를 위해 예수님이라는 분이 목숨을 내놓아 십자가에 달려 돌아가시고 부활하셨다는 말씀에 가슴이 세게 뛰었던 것 같다. 그때『성경』을 몇 개월에 4번을 볼 수 있는 기적이 일어났다. 근무시간 외의 모든 시간은『성경』에 빠져 있었고 '다음' 사이트의 기독교 카페에 가입하여 많은 사람의 간증을 들으면서 울고 웃으며 행복했다. 많은 사람이 하나님을 만나 하나같이 삶이 변하여 행복하다고 했다. 나 역시 하루에 거의 6시간 정도는 하나님과『성경』에 빠져 너무 행복한 시간을 보냈다.

그때 나의 꿈은 교회에서 살며 자유롭게 예배하면서 언제나 하나님의 뜻대로 사는 것이었다. 내 속에서 느꼈던 첫 번째 뜨거움이었다. 그러나 직장을 옮기고 한국으로 나오면서 그 뜨거움은 서서히 잊혀지기 시작했다.

두 번째 뜨거움은 한국에 온 뒤에 생겼다. 시집에서 살면서 극동방송과 함께할 때 나는 다시 예수님을 전하는 전도자로 삶을 살아가고 싶어졌다. 그때 나는 북한 선교에 관심을 가졌고, 나중에 남북한이 통일될 때 인삼 농사를 잘 지어 돈을 많이 모아 북한에 교회를 설립하고 싶은 꿈이 있었다. 그때는 북한 선교사님들의 간증을 들으면서 북한 선교를 꿈꾸고 북한 선교사님들을 지원해주고 싶었다. 그러나 어려운 경제 상황은 나의 꿈을 포기하게 했다.

나는 어느덧 흐지부지한 삶을 살게 되었고 삶에 꿈도 목표도 방향도 없어졌다. 그러면서 점점 더 바닥으로 떨어져 나중에는 아무것도 없어졌다. 호흡은 있지만 생기는 없었다. 무엇을 해도 귀찮고 무엇도 하고 싶지 않았다. 그냥 살아 숨 쉬는 자체가 지옥이었다. 당연히 자신에 대한 사랑도 없고 자신이라는 존재가 없으니 사랑도 희망도 소망도 아무것도 없었다. 자녀도 남편도 모두 감당할 힘이 없었다. 미칠 것만 같았다. 하루 종일 한숨만 나오고 왜 살아가야 하는지를 다 잊어가고 있었다.

나는 유튜브에서 김도사님을 만나 다시 꿈을 가지게 됐다. 얼어붙었던 내 가슴이 다시 뛰기 시작한 것이다. 그리고 책 쓰기에 도전해 결국 『새벽 독서의 힘』을 써냈고 출판사와 출판 계약을 했다. 책을 써내는 과정 속 〈한책협〉에서 의식과 자존감이 상승되었다. 이제 나의 존재를 부정하지 않고 나의 존재를 인정하고 긍정하는 사람으로 바뀌어갔다. 부정적인 관점을 단번에 엎어버렸다. '아무것도 할 수 없는 존재'에서 '무엇이든 할 수 있는 존재'로 바꾸었다. '나는 늘 가난하다. 풍요롭지 못해서 풍요로우면 꿈을 꾼다'는 관점을 '나는 행복하다. 나는 풍요롭다. 나는 사랑하고 사랑받는 존재다'로 엎어버렸다. 마음속에 변화가 일었다. 가슴은 뜨겁게 뛰기 시작했고 삶이 풍요로워졌다.

사람은 꿈, 하고 싶은 희망, 이루고 싶은 욕망 같은 것들이 있을 때 가슴이 뜨겁게 뛰기 시작한다. 책을 쓰는 것은 끝이 아닌 시작이다. 책을 씀으로써 할 것들이 더 많아진다. 가슴에 더 많은 것들을 해야 함을 가르쳐준다. 그렇게 나는 다시 한번 살아났다. 이제 더이상은 시간 낭비가 없다. 더이상은 부정에 싸여서 꿈도 희망도 다 포기한 채로 살지 않는다. 나의 시간을 내 마음대로 내가 원하는 것에 집중하면서 다시 한번 인생 2막을 열어본다.

40대에 책을 쓰고 이제부터는 작가의 삶을 시작하는 것이다. 다시 가슴을 뜨겁게 하여 삶에 원동력이 생겼고 날마다 필사 독서를 하면서 나의 꿈을 더 명확히 한다. 이제 목표가 확고하다. 꾸준한 필사 독서를 하고 평생 많은 책을 읽어가면서 1인 지식창업을 시작해 더 많은 생산적인 일들을 하여 경제적 자유를 이루고 자유로운 삶을 살 것이다.

이제는 더이상 독자가 아닌 저자이다. 저자의 생각으로 독서하고, 저자의 생각으로 세상을 바라보기 위해 힘쓴다. 독서만으로 만족하던 삶에서 벗어나 책을 낸 뒤에 그에 맞는 선순환을 이루어가는 지금이 나를 가슴 뛰게 한다. 매일 SNS에 좋은 책들을 공유하면서 삶의 새로운 시대를 열어놓는다. 성공한 작가를 꿈꾸면서 멋진 미래를 상상하며 살아간다. 목표가 있고 그 목표를 향해 한 단계씩 발전해가면서 좌절하지 않고, 포기하지 않고 위험을 마다하지 않으며 힘차게 전진한다.

이런 힘은 필사를 하면서 생겨난다. 꾸준하게 필사를 하면서 성공에 필요한 힘들을 키우고 정신력을 높이며 활기차게 도전하며 끊임없이 노력한다.

전념하는 습관이 몸에 배면 몰입할 수 있다. 나는 지금 새벽 필사를 하면서 『나의 삶을 바꾸는 필사 독서법』 원고 쓰기에 전념하고 있다. 필사를 하면서 원고 쓰기에 몰입하며 긍정적인 하루를 시작한다.

내가 원하는 것에 집중하는 하루하루, 가슴이 뛴다. 나는 더이상 나 자신에 대해 '하지 않는' 핑계를 대지 않는다. 더이상 나 자신에게 '할 수 없다'로 합리화시키지 않는다. 나는 모든 것을 할 수 있는 힘이 이미 내 안에 존재하고 있음을 안다. 오늘도 '할 수 있다'를 외치면서 새로운 삶, 가슴 뛰는 삶을 만들려고 도전한다. 도전하는 나는 아름답다. 스스로 나 자신이 너무 아름답게 느껴진다.

『새벽 5시 필사 100일의 기적』 중에는 이런 말이 나온다.

"의식의 수준이 낮은 사람들에게 세상은 지옥처럼 비춰질 것이고, 의식이 높은 사람들의 눈에는 모든 것이 기회로 보일 것이다. 자신이 바라는 것을 받아들이고 볼 수 있는 영적인 눈을 가진 자가 되어야 한다."

3장

삶을 성장시키는

필사 독서

7가지 원칙

삶이 힘들고 막막할수록 책을 읽고 필사하라

스스로 한계점에 도달했다고 생각할 때, 삶이 힘들고 막막하고 미래가 보이지 않는 긴 터널을 지나는 것 같을 때, 그런 답답함이 있다면 어떻게 해결하는가? 많은 사람은 그냥 그대로 그 자리에서 힘들어하며 견디고 버틸 것이다. 그러나 도전적이고 긍정적인 사람들은 삶이 힘들고 막막할 때, 현실을 딛고 새롭게 일어선다. 그들은 부정이 '나'를 삼키지 않도록 스스로 자신의 한계점을 뛰어넘는다. 그러나 긍정적이지 않은 사람들은 이 한계점을 인정하며 수용하고 더이상 자신은 발전할 수 없다고 한계를 짓는다. 한계를 지어버리면 우리는 아무것도 아니게 된다. 문제만 보면 문제가 커지며 자신은 메뚜기처럼 극히 낮은 자리에 있게 된다.

나는 여러분이 답답하고 미래가 보이지 않고 무기력하고 어떤 의욕도 없는 상태에 있다면 새롭게 한번 도전해보기를 바란다. 나는 필사 독서를 시작하여 한계점을 뛰어넘고 자극을 받아 다시 맘속 깊은 곳에서 선한 욕구, 삶을 변화시키고자 하는 욕구가 일어났다. 무기력한 사람은 자극을 받아야 한다. 자극을 받지 않으면 자신의 방향이 잘못되었는지를 모른다. 그 길로 가보았더니 가시덤불 길이더라고, 누군가가 옆에서 말해주면 얼마나 좋을까? 실제로는 주변에서 이야기해주지 않는다.

따라서 우리는 책 속에서 배워가고 자극받아야 한다. 그 길을 가봤던 책의 저자는 헤치고 나올 구멍을 찾아 나아가 더 좋은 결과를 만들어낸 사람이다. 우리에게 길을 안내해준다. 막막하고 앞날이 보이지 않을 때 책을 읽으면 그 속에 지혜와 길이 있음을 알게 된다. 어떤 일을 통하여 자기 스스로 깨달으면 좋겠지만 보통 한계가 왔다고 생각할 때 스스로 돌파구를 잘 볼 수 없다. 관점이 바뀌지 않으면 계속 같은 마음으로 문제를 보는 것이기에 큰 변화를 일으키지 못한다.

일반적으로 말하는 '불가능의 존재'로 태어난 닉 부이치치. 그는 태어나면서 양팔과 양다리가 없이 왼쪽 엉덩이 끝에 달랑 붙어 있는 작은 발이 전부인 몸을 가지고 태어났다. 이런 아기를 보는 순간 부모는 얼마나 아이의 미래가 걱정되었을까? 얼마나 많이 슬퍼하고 얼마나 많이 자책했을까? 전혀 희망이 없어 보였다. 부모뿐만 아니라 그 자신도 어린 나이에는 절망의 수렁텅이에 빠졌었다.

그러나 부모는 이 아이를 준 것에는 분명 하나님의 뜻이 존재한다고 믿고 아이를 정상인보다 더 훌륭하고 멋진 사람으로 키워나갔다. 아이가 생후 18개월 때 아버지는 수영을 가르쳤고, 6살 때 어머니는 발가락으로 연필을 잡는 플라스틱 장치를 만들어주었다. 벽에 칫솔을 박아 혼자서 이를 닦게 했으며 펌프식 샴푸를 설치해 머리를 스스로 감도록 했다. 8살 때 부모는 아들을 일반 학교에 보냈다. 학교 측에서 모든 일을 닉 스스로 해결해야 한다고 하자, 부모는 아이를 전동휠체어에 태워 스스로 움직이는 법을 터득하도록 했다. 책상 위에 올라 앉아 발가락 2개로 글씨 쓰는 법, 화장실에 가는 법도 가르쳐주었다.

아이는 학교에 갔다가 큰 놀림을 받았지만, 거울 속에 비친 자신을 보면서 "나는 팔다리가 없지만 맑은 눈이 있다"고 스스로에게 말했다. 그는 그동안 자신에게 없는 것만 보고 살았지만 그때부터는 자신에게 있는 것만 보고 살기로 했다. 그러자 기분이 좋아졌다. 그는 29살 때 세계적인 유명한 동기 부여 강사가 되었다. 몸통밖에 없는 몸으로 수영도 하고 서 핑도 하고 골프도 친다.

그는 강연장에서 수많은 사람 앞에서 "팔다리가 없는 제가 넘어지면 어떻게 될까요? 넘어지면 팔다리만 버둥거리며 일어나지 못하겠죠." 하 면서 앞으로 꼬꾸라진다. 그는 누워서 발버둥 치면서 허우적거리기만 했 다. 사람들은 도저히 일어서지 못할 거라고 생각했다. 돌연 그는 엎어진 자세로 고개를 들고 말한다. "여러분은 100번 실패하며 포기하나요? 저 는 한 번, 또다시 한 번 시도했어요. 그러다 마침내 벌떡 일어서는 방법 을 깨우쳤답니다." 그는 책과 전화기에 이마를 대고 아까처럼 목과 허리 를 곧추 세우더니 벌떡 일어났다.

그는 자신이 이 세상에 태어난 이유를 늘 질문했다. 자신이 다른 사람 보다 몸이 불편하지만 정신은 더 건강함을 늘 알고 있었다. 그는 다른 사 람의 시각이 아닌 자신의 시각대로 살아가라고 한다. 손발이 없어 할 수 없는 것보다 마음으로 자신에게 한계를 지어 할 수 없는 게 더 많다는 것 을 알고 있었다.

그는 자신에게 맡겨진 삶을 인정하고 수용하였다. 그와 그의 부모는 영혼의 눈으로 바라봤고 그가 특별한 존재이고 특별한 소명을 가지고 태어났음을 알았다. 그렇기에 자신의 삶에 충실하여 남과 비교하지 않고 오로지 자신만이 할 수 있는 역할에 집중하였다.

『행복하다고 외쳐라』 중에 24세의 나이에 징역 20년 받은 한 청년의 이야기가 나온다. 그는 깡패들의 유혹에 넘어가 마약 거래를 해서 징역을 살게 되었다. 교도소에서 절망 중에 있다가 어느 날 교도관이 주방에서 설거지를 하라고 말했다. 그는 주방에 있으면서 자신이 주방의 일을 좋아하는 줄을 알게 되었다. 주방의 모든 일들에 가슴 뛰었다. 일하면서도 힘든 줄을 몰랐다. 손이 퉁퉁 불어도, 증기에 손이 데어도 늘 재미있었다. 그는 비로소 자신이 할 일을 알게 되었고 기쁘게 성실하게 맡겨진 주방 일을 열심히 하였다. 그의 성실함에 징역형도 10년 줄어들게 되었다.

그는 틈나는 대로 주방에서 요리를 하는 것도 배우고 교도소 도서관에서도 요리에 관한 책들을 읽고 신문도 읽었다. 그는 교도소에서 나가면서 요리사로 크게 성공할 거라는 목표도 세웠다. 교도소에서 나와서 식당 설거지 허드렛일부터 찾아 하다가 마침내 성공했다. 그가 바로 미국 라스베이거스 벨라지오 호텔 총주방장 제프 핸더슨이다. 그는 교도소에서 자신의 살아갈 목적과 방향을 깨닫고 완전히 새롭게 인생 2막을 열었다.

나도 사람들의 눈치를 보느라 삶이 힘들고 지쳐 스스로 한계를 지으면서 '아무것도 할 수 없는 존재'가 된 적이 있었다. 그때 나는 필사를 하면서 지구에서 내가 맡은 배역을 알아가기 시작했다. 나는 이 세상에 괜히 태어난 게 아니었다. 주변 사람들이 보기에 한심하고 정말 보잘것없고 '아무것도 아닌' 사람이었으나 나는 나에게 집중하기로 했다. 내가 할 수 있고 가장 좋아하는 일을 계속 하기로 했다.

나는 필사가 제일 좋았다. 필사를 할 때 나는 행복을 느낄 수 있다. 필사를 할 때는 옆 사람들의 시선을 신경 쓰지 않았다. 필사를 하면서 나의 세상이 열렸고 점점 더 작가라는 꿈이 명확해졌다. 그리고 그 꿈을 향해 달려가기 시작했다.

작가라는 새로운 도전은 나의 가슴을 뛰게 하고 충만함을 느끼게 하였다. 거울 속을 들여다봐도 나의 눈은 반짝거리고 있었다. 주변 사람들은 내가 책을 내기 전보다 훨씬 얼굴이 좋아졌다고 이야기해준다. 책을 쓰고 결과가 나왔다는 자체가 밑바닥인 자존감을 세워주고 큰 성취감을 준 것이다. 이제 또 책이 나오므로 해야 할 많은 일들이 있다. 나는 비로소 살아가고 있음을 느낀다.

언제까지 남 탓하고 언제까지 신세 한탄을 하고 있을 것인가?

내가 불행하다고 생각할 때 불행한 일들을 끌어당긴다. 내가 가난하다고 돈 한 푼 없다고 할 때 나의 삶은 점점 더 가난해진다. 나는 현재 힘들고 지치고 가난하지만 성공한 나의 모습, 경제적 자유를 누리는 나의 모습을 상상한다.

모든 것은 내가 선택했고 나의 책임이다. 따라서 지금 나는 누구를 탓하지 않고 현재를 묵묵히 이겨나간다. 주어진 현재는 바꿀 수 없지만 꿈을 향해 도전하고 용기를 내고 달려가면 원하는 대로 미래를 바꿀 수 있다.

"미래는 자신이 가진 꿈의 아름다움을 믿는 사람들의 것이다."

— 엘리너 루스벨트

나는 지금 내가 원하는 작가의 삶을 살아가면서 또 1인 지식창업의 꿈을 꾸면서 오늘도 『나의 삶을 바꾸는 필사 독서법』 원고를 작성하고 있다.

매일 1시간 필사하라

매일 1시간씩 필사를 한다고 하자. 한 달이면 30시간, 100일이면 300시간, 1년이면 거의 1,000시간 다른 사람보다 더 깊이 있는 독서를 하게 되며 다른 새벽 기상을 하지 않는 사람보다 1,000시간 정도를 확보한다. 오로지 자신을 위하여 1,000시간을 투자하면 그 결과가 어마어마하게 된다. 시간적 복리 효과를 낳을 수 있다. 나도 하루 1시간 이상 베껴 쓰기 한다. 새벽 3시에 일어나서 5시 30분까지 책을 보면서 베껴 쓰기 한다. 2시간 30분 동안이다.

이렇게 1년 필사를 하면서 집중력이 향상되었다. 필사가 몸에 밴 습관이 되었고 그냥 자연스러운 것이 되었다. 필사는 나의 '쓰기 근육'을 키운다. 날마다 글에 대한 감각을 키워가며 날마다 성숙한 작가로 한 발짝씩 걸어가도록 한다. 하루에 2시간 30분 필사를 하면서 타이핑 하는 양이 책 쓸 때의 2~3꼭지 분량 정도다. 나는 목차가 잘 나와주고 사례만 잘 찾아놓으면 매일 새벽 시간만 이용해도 40일 정도면 다 써낼 수 있다. 아직 독서량이 적고 아직 책에 대한 감각이 적지만 이렇게 날마다 새벽 3시에 일어나서 무엇인가를 필사하고 독서한다면 내 삶의 수준은 지금보다 현저히 높아질 것이다.

절판된 책인 『초인대사 100문 100답』과 『행복하다고 외쳐라』를 필사하여 SNS에 올린 결과 한 달 정도의 시간에 2,500팔로워가 넘었다. 많은 사람이 절판된 책에 관심을 가지며 많은 사람이 시중에서 구매할 수 없는 책을 보면서 행복해하고 있다. 내가 필사한 책의 내용을 보고 좋아서 구매하고 싶으나 절판되어 아쉬워하는 사람도 많이 있다. 그들은 꾸준히 나의 SNS를 좋아하고 거의 매일 몇십에서 몇백 명으로 사람들이 증가한다. 그중에 물론 팔로우를 취소하는 사람도 있지만 그들은 몇 명에 불과하다.

새벽 3시 기상과 독서, 이 두 가지만 하여도 많은 사람의 관심을 받는데 거기에 필사를 더하니 완전히 내 세상 된 것만 같다. 날마다 생산적인 삶을 살아가는 자체가 도전적이고 흥분된 삶이다.

그전에는 그토록 죽고 싶고 도망가고 싶었던 나날들이 지금에 와서는 자는 시간이 아까울 정도다. 하루하루 시간이 모자라고 해야 할 것들이 너무 많다. 눈 뜨고 있는 동안에는 반드시 무엇인가를 생산해내고 있다. 이렇게 만든 콘텐츠들이 모이면 나중에는 어마어마한 자산이 될 것이다.

그래서 많은 기록을 남기며 살아가기 위해 노력한다. 작가의 삶이 바로 기록의 삶이다. 모든 삶의 순간을 기록하고 내 머릿속에서 비운다. 그러면서 머릿속을 새로운 지식과 풍요를 채워 넣어주면 나는 다시 내면에서부터 풍요와 새로운 것, 좋은 것으로 채워진다. 매일의 선순환을 위한 시작이 1시간 필사를 하는 것이다.

글을 쓰고 싶은 사람은 무조건 분량부터 채우는 연습을 하는 것이 좋다. 일단 필사를 하면서 글을 쓰는 습관을 가지는 것이다. 하루에 10분이라도 글을 베껴 쓰면서 저자의 생각과 지혜를 몸으로 체험하고 날마다 자신의 생각을 적어본다. 그러면 글쓰기 기술이 늘어난다. SNS에 참여하는 많은 사람이 SNS 글쓰기로 자기 책을 쓸 수도 있다.

〈한책협〉의 김도사님도 "SNS에 댓글 달 줄 아는 사람이라면 다, 김도사 찾아오면 책을 써낼 수 있다."라고 했다. SNS 댓글 다는 것만으로 책을 쓸 수 있다는 말은 그의 경험과 노하우에서 나오는 참된 말이다. 그는 사람들에게 책 쓰기를 가르치는 데는 도사가 분명하다. 오죽하면 사람들이 도사라 부르겠는가? 도사라 불린 지도 이미 오래되었고 지금은 그 지혜와 경험이 더 빛을 발한다.

수강생들 중 우리 기수만 해도 빠르게 쓰는 한두 사람이 2주 안에 쓰고 대부분 사람들은 한 달에서 두 달 사이에 원고를 완성했다. 그러나 지금은 많은 수강생들이 2주 안에 원고를 써간다. 물론 원고를 쓰는 데 본인의 의지에 따라 빨리 쓸 수도 있겠지만, 나는 코치가 그러한 능력을 가졌기에 수강생들이 빨리 완성할 수 있다고 생각한다.

김도사님은 전 세계적으로 유일하게 책 쓰기 코칭 특허 〈출판 서적의 빅데이터를 활용한 희망 저자의 출판가이드 시스템〉을 보유하고 있다. 그의 25년의 경험과 지혜가 빛을 발하는 것이다. 그는 본인이 수많은 고난을 겪으면서 7년 동안 책 쓰기를 하여 작가가 되기 시작해서 현재 25년 동안 250여 권의 책을 써내고 10년간 1,100명 정도의 작가를 배출하였다.

처음에는 책이 출간되는 데 6개월 정도 걸렸지만 지금은 책 쓰기 과정부터 책 출간까지 1~2개월 만에 이뤄지는 것을 거의 날마다 보고 있다.

제대로 배우고 필사를 즐거워하고 필사를 사랑하기에, 내가 좋아하는 일을 하면서 이렇게 새벽마다 원고가 차곡차곡 쌓여간다. 작가의 길을 가면서 더 단단한 걸음으로 가는 것이다.

확실하게 결과를 가져다주는 〈한책협〉 김도사님께 배워서 작가로서 든든하다. 등 뒤에 늘 최고의 코치이자 멘토가 계시다는 사실이 우리 수강생들을 불도저처럼 밀고 나가게 한다. 책을 써서 성공하고 싶어 찾아온 수많은 수강생 모두 구루 도사께 배우고 그로 인하여 수익창출을 하며 부의 추월차선을 탄다. 수많은 선배 작가님들의 성공 스토리로 수많은 수강생들이 자극받고 사회에 선한 영향을 끼치면서 경제적 자유를 누리며 성공하는 삶을 살아간다.

나도 경제적 자유를 누리고 사회에 선한 영향력을 끼치고 싶다. 나도 무엇인가 다른 사람을 위해서 나누고 싶다. 내가 책을 쓸 수 있도록 이끌어준 필사 습관은 내가 나를 사랑하는 증거이다. 나를 사랑할 때 행복한 에너지가 생기고, 그 에너지가 주변에 퍼지면서 주변의 어두운 분위기도 밝아진다. 나의 긍정 에너지가 주변의 부정 에너지를 건드리며 그들에게 자극을 주는 것이다.

이렇게 나 한 사람의 변화의 시작이라는 것을, 나 한사람의 변화가 사회에 영향을 끼칠 수 있다는 것을 책을 읽고 필사를 하면서 배워간다. 전에는 나 한사람이 변해봐야 무엇이 바뀌겠냐고 생각했다. 내가 주변의 부정적 에너지에 흡수되어 없어져갔다.

그러나 필사를 하는 지금 쉽게 흔들리지 않는다. 마음이 단단해졌다는 증거이다. 주변의 부정한 것을 흘려보내고, 그것들이 더이상 내 속에 들어와 나를 좌지우지하지 못하도록 방화벽을 쳐놓는다. 나는 오늘도 필사를 하면서 나를 지켜나간다. 나를 긍정 에너지로 채워주고 부정 에너지는 틈타지 못하게 오늘도 1시간 이상을 필사를 한다.

이 책을 여기까지 읽는 분들이라면 어느 정도 필사에 관심을 가지는 분들일 것이다. 나는 여러분에게 필사를 처음부터 1시간 이상을 하라고 권하고 싶지 않다. 그저 5분이라도, 10분이라도 필사를 해보라고 권하고 싶다. 특히 독서를 꾸준히 하고 싶고 독서 습관을 몸에 배게 하려고 하는 사람일수록 조금씩이라고 필사를 하고 점점 필사의 양을 늘려 보기를 원한다. 필사를 할 때 독서 습관은 단단해지며 더이상 독서 슬럼프를 겪지 않을 수 있다. 날마다 시작하는 5분, 10분 필사는 당신의 독서 습관을 바꾸고 삶을 바꿔준다. 독서 습관이 몸에 배는 데 필사가 도움이 된다. 나는 새벽 2시간 30분 필사하고 집에 있는 동안 시간 나는 대로 필사를 한다. 하루의 분량을 채우고도 자기 전에 또 10분 정도의 짧은 문단을 필사

한다. 내용들이 너무 좋고 가슴에 와닿기에 필사를 한다.

필사를 하면 책을 쓰는 느낌이 몸에 배는 것 같다. 이제 배운 대로 책을 써서 베스트셀러도 만들고 방송도 출연하고 1인 창업의 길도 여는 성공적 인생을 꿈꾼다.

김태광의 『독설』에는 이런 말이 나온다.

"모든 생각은 창조의 힘을 지니고 있다. 생각에 더 많은 감정, 강렬한 감정이 깃들수록 창조의 속도도 그만큼 빨라진다. 그 어떤 생각이든 역행하는 생각이 없다면 반드시 현실세계에 나타나게 된다."

의식 변화를 일으키는 책을 필사하라

독서하기 전에는 주변 사람이 전부 독서를 하지 않는다고 생각했다. 그런데 독서를 하고 나서는 주변 많은 사람이 독서를 한다고 생각하게 되었다. 특히 책 쓰기 과정을 배운 후부터는 더 많은 책을 보는 사람들과 연결되고 있다. 주변의 독서 환경이 중요하다. 독서 환경은 사람을 변화시키고 독서 분위기를 끌어 올린다.

하루에도 수많은 책이 쏟아져 나오고 있는 지금, 책이 너무 많아서 어떤 책을 읽어야 할지 모르는 사람들이 많다. 또 시간이 없어서, TV나 핸드폰 하느라 책을 읽지 못하는 사람도 많다.

나는 의식을 변화시키는 책을 좋아한다. 가난한 의식을 자극하고 동기부여를 해주는 책들이 좋다. 성공에 관한 책들이나 부에 관한 책들도 좋지만 자신을 새롭게 바꾸고 싶다면 환경보다 의식이 먼저 바뀌어야 한다. 의식이 바뀌면 생각과 그에 따르는 행동이 바뀐다. 늘 의식 변화를 우선으로 생각하기에 집에 있는 책 대부분은 나의 의식을 고양시키는 책이다. 앞으로도 의식에 변화를 주는 책 우선으로 구매할 것이다.

책값이 조금 비싸도 책은 구매해서 반복적으로 보는 것이 좋다. 그러면서 행복하게 의식이 높아지고 있음에 감사한다. 의식이 높아지면 보이는 것에만 그치는 것이 아니라 보이지 않는 것도 마음속으로 그리며 볼 수 있다. 김도사님은 늘 '결말의 관점에서 보라', '이미 이루어진 것처럼 살아라' 말씀들을 많이 한다. 현재는 안 보여도 이루어진 것처럼 살아야 성공도 이룰 수 있다.

요즘 요양보호사 일을 하고 있는데 한 선임 선생님이 허리가 아파서 나오지 못하시게 됐다. 4명이 28명의 어르신을 케어하려고 하니 속에서 슬슬 에고가 작동한다.

'무엇을 위해 젊은 나이에 시설에서 어르신들 케어하고 있지?'
'과연 요양보호사 계속 해야 되나?'

책 한 권을 써낸 의식으로 시설로 일하러 간 나도 날마다 힘들다는 선임들의 말을 듣고 실제로도 힘들게 일하니 몸이 슬슬 피로를 느끼기 시작한다. 몸이 힘들기에 열정이 점점 식어지고 눈앞의 현실이 점점 눈에 보인다. 그러니 나의 의식도 자꾸 처지는 것 같다.

나에게 새로운 힘이 필요했다. 오늘 아침 『새벽 5시 필사 100일의 기적』 필사하면서 나는 내가 잠시 잊고 있던 것을 찾아내기 시작했다. 필사 내용에는 아래와 같은 구절들이 있다.

"당신의 삶도 나의 삶도 소중한 선물이다.
그러므로 당신이 꿈꾸어왔던 삶을 살기를 바란다.
그것이 모두가 행복해지는 가장 빠른 추월 차선임을 잊지 말자."

"누구나 평범함을 넘어 특별한 삶을 살 권리가 있다. 당신도 특별한 존재이다. 자신만 그것을 잊지 않으면 된다. 계획된 삶으로 오늘 하루도 가장 나답게 뜨거운 하루를 보내길 바란다."

이런 말들을 읽고 쓰면 자신의 삶을 바꾸고자 하는 사람들이 용기를 얻지 않을까? 가슴이 뜨거워지지 않을까? 나는 이 책을 읽으면서 정말 책 속으로 빠져들고 싶었다. 책 속에 블랙홀처럼 빨려 들어가 그 책 속에서 헤엄치고 싶었다. 너무나 가슴을 뛰게 한다. 날마다 가슴이 뛰니 몸이 뜨거워지고 열정을 마구마구 끌어 올린다. 나를 포함한 누구나, '다른 사람이 했다면 당신도 할 수 있다'고 한다. '나도 할 수 있다.', '나도 자유롭고 풍요로운 생활을 할 수 있다.' 날마다 가슴속에 자극을 준다.

나는 날마다 필사를 하면서 숨을 쉬는 것 같다. 이미 불씨는 커다랗게 번져간다. 내 속에 우주를 활활 불태울 정도다. 내속에서 잠자던 것들이 놀라서 뛰어 일어난다.

나는 이렇게 하루 1시간이상 필사를 하면서 삶에 의욕에 다시 불을 지핀다. 흐트러진 마음을 다 잡고 다시 에너지 넘치는 모습을 한다. 에너지 넘치는 모습을 바라볼 때 나 스스로도 놀란다.

어디서 그런 넘치는 에너지가 생길까?
도대체 이 큰 에너지를 그전에는 왜 몰랐을까?
왜 나는 안 된다고만 했을까?

열정이 넘치고 에너지가 넘칠 때 나는 새벽 1시간 동안 필사를 하고 원고까지 한 꼭지 써 내려간다. 며칠간 힘들고 지치다고 자신을 합리화시키면서 날마다 쓰던 원고를 4일간이나 써 내려갈 수 없었다. 그런데 오늘 새벽 필사의 내용으로 힘을 얻어 다시 원고를 쓴다.

최근 새벽에 1시간 필사하는 책의 내용은 원고 한 꼭지의 분량이다. 필사 한 꼭지, 책 쓰기 한 꼭지 이 모든 것은 새벽 3시에 일어나 필사하는 습관 때문에 가능하다. 필사 1시간씩 하면서 나도 모르게 필력이 향상된다.

『새벽 독서의 힘』을 읽고 독자가 후기 남긴 글이다. 공유해보고 싶어서 이렇게 원고에 올린다.

"책 쓰는 농부 김경화 작가님의 매끄러운 문장력과 방대한 독서력에 감탄했습니다. 첫 책이 아니신 것 같은 실력이십니다."

"언젠가 농부의 삶에 도전할 사람으로서 존경스럽고 작가님의 열정적인 삶의 긍정의지에 탄복했습니다."

"조금 느슨해져 있던 저의 의욕에 다시 불을 지피시는 딸 셋 맘 + 농부 + 요양보호사 + 작가인 김경화 작가님께 박수갈채를 보내드립니다. 매일 실천하시는 새벽 기상에도 큰 동기 부여를 받고 있습니다. 감사합니다."

『새벽 독서의 힘』은 매일 1시간 이상 필사의 산물이다. 날마다 1시간씩 필사를 하였기에 첫 책임에도 불구하고 책을 써낼 수 있었다. 1시간 이상의 필사는 필력 향상에 도움을 주고 무한한 열정을 주며, 날마다 자극을 주고 도전하게 한다. 일하는 곳에서도 주변 사람들에게 긍정 에너지를 더해줄 수 있다. 내일도 긍정을 선택하고 모든 사람들의 영혼이 소중하다는 마음으로 맡은 일에 최선을 다할 수 있기를 바라며, 오늘도 원고 완성을 향해 달려간다.

날마다 완성되어가는 한 꼭지를 볼 때마다 결과를 만들어낼 수 있음에 감사하다. 어려워도 무조건 결과를 만들어낸다. 결과 있는 삶을 살아가기를 원한다. 이때까지의 삶이 결과가 없었다면 이제부터의 삶은 결과를 만들어가는 삶이다. 결과를 위하여 시간을 투자하고 노력을 한다. 결과를 만들어낼 때 나는 한걸음 더 성장하는 것이다.

오늘도 필사하는 나는 행복하다.
당신도 필사에 동참해보라.
당신도 필사를 하면서 행복해질 것이다.

3 - 4

긍정적인 마음으로 필사하라

긍정적인 마음은 우리가 지치지 않고 올바른 관점에서 상황을 보고 판단하게 한다. 독서를 하면서 겪은 가장 큰 변화는 내가 부정적인 사람에서 긍정적인 사람으로 바뀌기 시작했다는 것이다. 스스로 많이 느낄 수 있다. 나는 이 세상에서 도망가고 싶었고 삶의 무게를 감당하기 힘들어 죽고 싶었다. 그런 삶에서 점점 도전하고 싶은 것들이 많아지고 꿈이 생기면서 심장이 다시 뜨겁게 뛰기 시작했다.

부정적인 마음도 긍정적인 마음도 다 내가 선택할 몫임을 알게 되었고, 내가 아닌 다른 사람이 나의 인생을 살아갈 수는 없음을 깨달았다.

하나님이 내 목숨을 가져가지 않는 한 어차피 살아가야 하는 한 번밖에 없는 인생, 부정으로 가득 채우지 않고 긍정의 스위치를 켜서 단번에 마음을 환하게 비출 수 있었던 것에 감사한다.

인생은 선택의 연속이다. 내가 부정을 선택하고 부정이 나를 지배하도록 받아들였기에 부정적인 삶을 살았던 것이다. 이제 나는 긍정을 선택한다. 슬픈 기분이 들기 시작하면 의도적으로 기분 좋도록 생각을 바꾸고, 불안이나 두려움을 극복할 수 있는 방법을 찾아내어 흘려보낸다. 가슴에 쌓아두면 그것이 또 병의 원인이 될 수 있다.

나는 불안과 두려움을 필사를 하면서 흘려보낸다. 필사를 하면서 마음이 차분해지고 불안한 미래가 행복과 기쁨으로 넘치는 상상으로 바뀐다. 그러니 필사하는 책을 고르는 게 얼마나 중요한가. 자기계발, 성공학, 사랑 가득한 의식 변화를 일으키는 책이어야 함을 한 번 더 느낀다.

이런 책들을 필사하면서 모든 것이 자연스럽게 흘러간다. 간혹 어떤 책은 읽을수록 마음에 불안을 주는 책도 있다. 나는 이런 책은 읽다가 덮어버린다. 긍정적인 마음과 지혜를 배우기 위해서 귀한 시간을 내서 책을 읽는데 마음이 불쾌하고 불안이 시작되면 굳이 읽을 필요가 없다. 그런 것을 좋아하는 다른 사람들이 읽으면 된다.

살아가면서 짜증이 나거나 신경질적이 되고 예민할 때 필사를 하면 불쾌한 기분을 흘려보낼 수 있다. 싫고 짜증나고 신경질 나는 일들도 사라진다. 필사를 하는 데 집중하면서 시간이 흘러가니 부정한 기분들이 쌓이지 않는다. 어떤 책에서 부정적인 감정을 17초 이상 나에게 남아 있지 않도록 하라는 구절을 본 적 있다. 부부 싸움을 하다가 당장 화가 나서 미칠 것 같아도, 한 사람이 그 현장을 피하거나 어느 정도의 시간이 지나면 상황이 그렇게까지 위험하지도 나쁘지도 않음을 깨닫게 된다. 그러니 화가 나는 당시, 필사에 집중하면서 숨을 고르게 쉬면서 아주 나쁜 기분을 흘려보내면 몸에도 좋다.

이제는 더이상 나쁜 기분이 주도권을 쥐지 못하도록, 부정의 신호가 오면 나의 생각을 지배하지 못하도록 차단시키는 연습을 한다. 많은 사람이 이성적으로는 그렇게 하기를 원하나 몸에 밴 습관 때문에 가끔씩 부정에 타협하기도 한다. 그러나 이제 나는 더이상 부정과 타협하지 않는다.

"우리의 인생은 우리가 생각하는 대로 만들어진다."

— 마르쿠스 아우렐리우스

우리가 부정을 생각하면 부정한 삶을 살아가게 되고, 긍정적인 것을 생각하면 우리는 긍정적인 삶을 살아갈 수 있다. 나는 이 사실을 필사를 하면서 체험했다. 날마다 긍정적인 좋은 책을 필사하기에 내 삶에는 좋은 것이 넘치는 좋은 날들이 이어진다.

지금 나의 주변에 나를 지켜보는 사람들이 몇몇 있다. 그들은 처음에 내가 책을 쓴다고 할 때 그런 꿈을 갖는 자체를 우습게 생각했다.

'너 같은 사람이 뭘 책을 써?'
'책은 아무나 쓰나?'
'자기 주제를 알아야지. 자기 주제도 모르면서 뭐 한다고 꼴값 떠냐?'

책을 쓰기 전 나는 분명 그들의 한마디 말에도 상처받았다.

'나는 살아갈 가치가 없는 존재야.'
'나는 꿈도 가져서는 안 돼.'
'나 같은 게 뭐 꿈을 꾼다고.'

이렇게 자신을 아무것도 못하는 사람으로 제약했다. 또 주변 드림킬러들의 먹잇감이 되어 날마다 좌우로 앞뒤로 상하로 흔들리고 결국 삶에 어떤 의미도 없이 살았다.

그러나 필사로 인해 이미 그 단계를 뛰어넘고 『새벽 독서의 힘』이라는 결과물을 만들어낸 지금은 그까짓 말에 흔들리지 않는다.

'그들은 내가 책 쓰는 것을 부러워하는구나.'
'내가 성장하는 것을 바라지 않는구나.'

이렇게 생각할 뿐이다. 그들이 말하는 것을 받아들이지 않는다. 그들이 뭐라 해도 내 삶은 내가 만들어가는 것이다. 따라서 삶이 두렵지 않고, 힘들지도 않다. 나는 내가 원하는 것에 집중한다. 책을 쓰는 것을 1순위에 놓고 '누가 뭐래도 나는 써내고야 만다'는 의지가 있다. 그런 목표가 내 가슴을 뜨겁게 뛰게 만들고 삶에 열정을 불어넣는다. 긍정적인 마음으로 책을 써내고야 말겠다는 생각은 긍정적이고 선한 욕망이다.

나는 『나의 삶을 바꾸는 필사 독서법』 책을 왜 쓰려고 할까? 그것도 첫 책 나온 지 얼마 되지 않는데 왜 또 두 번째 책을 왜 쓰는 걸까? 스스로 질문을 해본다.

필사를 하면서 나는 우울함에서 벗어났고 꿈을 가지게 됐고 복표를 세우게 됐다. 내가 필사를 할 때 가장 기쁘고 즐겁기 때문이다. 나는 이런 기쁘고 즐겁고 행복한 일들을 다른 사람과 공유하고 싶다. 나와 같이 우울하고 꿈도 목표도 없는 이들에게 한 번쯤 권해보고 싶다. 그들로 하여금 내가 새로운 삶을 살듯이 그들도 새로운 삶을 살아가도록 일깨워주고 싶다.

주변에 많은 사람이 힘들어하며 갈 길을 몰라 헤매고 있다. 어디서 와서 어디로 가는지 모른 채 힘들어하며 삶의 무게를 버거워한다. 그런 사람에게 하나의 빛이 되고 싶다. 그들 앞에 빛을 밝혀 꿈과 목표가 없는 어둠에서 벗어나게 그들을 도와주고 싶다.

사람은 누구나 소중한 존재이다. 누구나 다 내면의 빛을 갈망하고 자신이 빛이 되기를 원한다. 한 사람이 빛이 되어 또 다른 존재에게 본이 되고 삶을 긍정적이고 사랑의 삶으로 바꿔가도록 도와주고…이렇게 살아가는 것이 다른 사람에게 도움이 된다고 느낄 수 있을 때 그들의 삶은 충만해지고 목표를 세워 다시 한 단계 성장해나갈 수 있게 된다.

삶은 참으로 멋지고 아름답다. 더이상 삶은 지고 가기 어려운 짐이 아니다. 이제는 삶의 무게에 허덕이지 않는다.

일단 책을 읽을 수 있도록 하는 방법이 필사다. 책을 읽으면서 삶이 한 단계씩 성장해나가는 행복함을 느껴보아야 한다. 필사를 하면서 책의 내용에 집중하고 또 책의 내용에 따라 자신의 내면을 둘러볼 수 있다. 자신의 내면을 관찰하고 그 곳에 무한한 존재가 있음을 깨달을 때 커다란 성과를 가져온다.

나는 필사를 하면서 내 속에 있는 커다란 존재가 영혼이며 영혼은 빛이라는 사실을 알게 되었다. 사람은 누구나 영혼이 있다. 그리고 자연의 모든 것, 심지어 돌, 바위, 식물 같은 것에도 우주의 창조자의 힘이 있다. 우주를 바라보고 영혼에 관심이 생기기 시작할 때 주변 모든 것을 바라보는 눈이 달라진다. 나의 존재도 위대하고 소중하다는 것을 깨닫게 된다. 나만이 아니라 모든 것이 다 위대하고 소중하다고 느껴진다.

마음을 넓게 열고 날마다 긍정적인 면을 받아들이면서 삶이 우리가 체험할 과정임을 깨달을 때 나는 삶의 무게라는 속박을 벗어날 수 있다고 생각한다. 이 과정을 체험하기 위해서 이 지구별로 온 고차원적인 존재가 나라면, 지금 내 속에 고차원적인 존재가 있는데 내가 고차원적인 존재라는 것을 잊은 것이라면, 이제 그 놀라운 존재를 깨워야 한다. 그리고 고차원에서의 삶을 지구에서 창조해나가는 것이다. 이런 마음가짐을 키울수록 모든 일어나는 일을 긍정적으로 바라볼 수 있다.

제3자의 입장에서 모든 문제를 바라보면 그때는 문제가 문제 되지 않는다. 문제가 문제 되지 않을 때 우리는 그 문제를 쉽게 뛰어넘어 한 단계 더 성장해나갈 수 있다. 날마다 성장하는 삶이 좋은 결과를 만든다. 에밀 쿠에의 '나는 날마다 모든 면에서 조금씩 점점 더 좋아지고 있다'는 말을 실현해나갈 수 있다.

필사에 믿음을 더하라

『성경』 히브리서 11장 1절은 '믿음은 바라는 것들의 실상이요 보이지 않는 것들의 증거니라' 하면서 시작한다. 모든 선진이 믿음으로 모든 것을 이룬 내용을 적은 히브리서는 나 스스로에 대하여 믿음이 떨어질 때마다 보는 책이다.

『초인대사 100문 100답』을 날마다 필사하면서 나의 믿음은 한 단계씩 성장하고 있다. 나는 이 책을 필사하면서 영적인 세계에 눈을 뜨기 시작했고 또 영적인 세계를 현실의 세계에 끌어내고 싶은 욕망이 일어났다. 5차원 이상의 영적인 세계를 지구에서 실현한다면 이 지구는 정말 사랑으로 충만해질 것이기 때문이다. 일단 나 혼자 영적인 5차원 세계를 창조하기 위해 노력하기만 해도 우리 가족 구성원들에게 긍정적 영향을 주고 그들의 주변까지 밝게 비출 수 있다.

필사를 하면서 나는 나의 개인적인 삶의 계획과 세계적인 계획을 세우게 되었다. 이전에는 세계적인 계획을 세워야만 내가 존재하는 이유를 알 수 있을 것만 같았다. 그러나 지금 나는 세계적인 계획을 이행하기 전에 개인적인 계획을 이루어야 한다고 생각한다. 먼저 나의 삶에 충실하고 내가 있는 위치에서 가족들을 먼저 챙겨서 주변이 안정되고 행복과 기쁨을 누릴 수 있을 때 세계적인 계획, 즉 이웃을 둘러볼 수 있음을 깨달았다.

나는 지금 부를 향하여 달리고 싶다. 부자되고 싶다고 큰소리로 외치고 싶다. 속에서는 부에 대한 욕망이 버글거리는데 아닌 척, 부를 좋아하지 않는 척 하는 삶은 하나님이 기뻐하시는 삶이 아니다.

하나님은 바리새인들을 싫어하신다. 속과 겉이 다른 바리새인들을 싫어하신다. 나는 선한 사마리아인처럼 되고 싶다. 나는 하나님의 축복이 나에게 넘쳐흘러 다른 사람에게 전해질 수 있는 축복의 통로가 되고 싶다. 나를 통한 축복이 이웃을 변화시키게 하고 싶다. 나는 하나님께서 나에게 풍요로운 물질을 주시면 그 물질로 나 아닌 다른 사람들에게 나누고 싶다. 어려운 사람들을 도와주고 의식이 낮아 무기력한 사람을 의식을 높여주고 그들이 다시 일어서게 할 수 있도록 도와주고 싶다. 김도사님 하는 것처럼 많은 사람에게 도움이 되는 사람이 되고 싶다. 삶이 어려운 사람이 찾아와서 삶의 고민을 털어내게 하고 그들을 다시 일어서게 하는 동기 부여가가 마음속에서 꿈틀거린다.

예수님도 『성경』에서 '네 이웃을 네 몸과 같이 사랑하라. 이것이 크고 첫째 되는 계명이다'라고 하셨다. 먼저 나 자신에 대한 믿음, 즉 나 자신에 대한 조건 없는 사랑을 먼저 실현하고 자기 자신을 사랑하는 것처럼 모든 사람과 모든 것들을 사랑해야 한다. 나 자신을 믿고 사랑하면서 타인도 나와 동등하게 신의 계획 속에서 이 세상에 태어난 존재임을 믿어야 한다.

이런 사실을 믿으므로 나는 요양보호사 일을 잘해나갈 수 있다. 그저 직장이고 요양보호사 아니고는 다른 마땅한 일자리가 없기에 이 일을 하는 분들도 있다. 그러니 불평이 일기 시작한다. 힘들다고 불평불만 한다. 어르신들이 식사하고 배설하는 것이 당연하다. 그들은 아직 육신이 살아 있다. 배설하는 것이 당연하다는 관점으로 보면 어르신들이 두세 번을 배설장애로 옷을 버린다고 해도 그것이 수용되고 이해된다. 그러나 한

번 기저귀케어를 하고 나서 두세 번 더 옷을 갈아 입혀야 하는 상황이 오면 짜증을 내는 선생님들도 있다. 나는 이런 상황에서 짜증을 내지 않으려고 한다. 그들에게 짜증을 내는 것은 나에게 짜증을 내는 것이다. 나는 그들과 하나의 영혼 그룹에서 이 세상에 체험하러 왔다. 따라서 남에게 욕하고 비난하는 것은 나를 욕하고 나를 비난하는 것이다. 그런 이유로 나는 남을 욕하고 비난하지 않으려고 애쓴다.

'남에게 대접받고자 하는 대로 대접하라.'

내가 먼저 바른 행동을 해야 한다. 사랑받고 싶으면 내가 먼저 사랑해야 하고 믿고 싶으면 나를 먼저 믿어야 하며 행복하고 싶으면 먼저 남을 행복하게 해주어야 한다.

나는 기꺼이 어르신들의 손발이 되어 도와주는 것이 행복하다고 생각했기에 하루 종일 발바닥에 불이 날 정도지만 피곤하지 않다. 늘 마음에 어르신들을 무조건적으로 사랑하자는 각오로 일하러 간다. 물론 돌보면서도 순간순간 욱하고 올라오는 것들이 있다. 그러나 그때마다 나는 무조건적인 사랑을 마음속으로 외친다. 나는 무조건적인 사랑을 이루고 싶다. 남편이든 자녀든 부모든 무조건적인 사랑을 하여 그들이 만족하게 하고 싶다.

필사는 나 자신에 대한 확신을 가지게 하고 나로 하여금 삶에 더 긍정적인 태도를 가지게 한다. 필사하는 내용을 머리와 가슴에 집중시키면서도 생계를 위해 일하러 간다. 나는 시설에서도 치매 어르신들이 이유없이 난동을 부릴 때, 자기 고집대로 하며 말을 들어주지 않을 때, 자신의 뒷처리를 제대로 하지 못할 때도 그들의 안에 나와 같은 빛나는 사랑의 영이 있음을 고백한다. 다 같은 영적인 존재이기에 그들도 사랑하고 사랑받을 자유가 있음을 고백한다. 물론 육신으로는 그들이 우리의 도움이 필요하지만 육신의 속박을 벗어날 때 그들도 분명 빛이고 사랑이다.

이런 마음으로 어르신들을 돌보니 다른 선생님들보다 덜 힘들다. 어떤 사람들은 날마다 입에 '힘들다'를 달고 산다. 그러나 나는 '힘들다'를 달고 살지 않는다. 나는 그들을 향한 무조건적인 사랑을 실천하고 싶고 또 자녀에 대한 무조건적인 사랑을 실천하는 마음을 더 단단하게 가진다. 이것이 서로 선순환된다. 내가 나의 무조건적인 사랑을 방출함으로 아이들도, 내가 케어해드리는 어르신들도 서로가 조화롭게 행복해진다. 내가 먼저 무조건적인 사랑을 실천하려고 노력할 때 말썽이신 치매 어르신들도 슌슌히 잘 따라준다.

시설의 유씨 어르신은 다른 요양보호사가 양치케어나 화장실 이동 도움을 드릴 때는 고집부리고 안 움직이려고 하지만 나하고 갈 때는 나의 손가락 하나만 잡고도 조용히 잘 따라오신다. 다른 선생님들은 그 어르신 대할 때 많이 힘들어하지만 나는 별로 힘들지 않다. 항상 식사 후 얼굴과 손도 깨끗이 씻어드리고 하니 치매 어르신도 내가 자신에 대해 무조건적인 사랑을 하려고 하는 노력을 알아주는 것 같다. 늘 협조 잘해주셔서 감사하다. 내가 일지에 유씨 어르신이 협조 잘 해주신다고 하면 주변 사람들은 믿지 않는다. 그들에게 유씨 어르신은 힘으로 밀어붙여야 하는 존재고 케어하기 힘든 존재인 것이다.

필사하면서 얻은 교훈인 '무조건 사랑'을 실천하고자 노력하는 나는 오늘도 행복하다. 물론 아직 신처럼 완벽하게 '무조건적인 사랑'을 실천하지는 못하지만 나름대로는 실천하고자 많이 노력하는 편이다. 나는 더 편안해지고 행복하고 아름다운 '무조건적인 사랑'을 실천하는 삶을 살아가는 것을 상상 속에서 이룬다. 머지않아 그것들이 내 삶 속에 실현되리라는 것을 믿는다.

내가 믿는 아름다운 삶이 나의 손에서 창조되어간다고 믿는 것이 믿음이다. 의식을 변화시키는 더 멋진 미래가 기다린다고 믿는 것이 믿음이다. 나의 멋진 꿈이 이루어진다는 것을 확실히 믿는 것이 믿음이다.

자신에 대한 확신이 이루어져야 한다. 흔들리지 말아야 한다. 꿈이 이루어진다고 확신하면 꿈은 이루어진다. 나는 오늘도 독서하고 필사하며 성장해간다. 그렇게 믿음과 자기 확신을 키운다.

감동적인 문장을 필사하라

독서를 하다 보면 마음에 와닿고 가슴을 뛰게 하는 문구나 구절, 문장을 볼 수 있다. 그냥 책을 읽는 데에서 그치는 사람도 있지만 많은 사람이 밑줄을 긋고, 형광펜으로 칠도 하고 더 나아가서 여백에 메모도 한다. 나도 역시 그렇게 밑줄 긋고, 형광펜과 여러 색 볼펜으로 여백에 메모도 하면서 또 필사를 한다. 이렇게 하면 자료가 쌓여가고 다음에 읽을 때 더 쉽게 자료를 찾고 수정할 수 있다.

긍정적인 좋은 내용을 나의 머릿속에 가슴속에 각인시키고 한 권에서 하나 이상 배우고 삶에 적용하고 실천하고자 노력한다. 빠른 시간 내에 변화하는 모습을 나 스스로 느낄 수가 있다.

명언이나 명구는 필사하는 것이 필수이다. 특히 나의 가난한 의식을 자극하는 좋은 문장들은 나를 변화시키기에 충분한 힘을 갖고 있다.

"게으름은 바이러스와 같다. 익숙해지게 되면 쉽게 벗어나기 힘들다. 부(富)와 성공으로 가는 길에 가로놓여 있는 가장 무서운 적이 바로 게으름이다. 하지만 당장 행동할 때 게으름은 얼씬하지 못한다."

— 김태광의 『독설』 중에서

"다른 사람이 가져오는 변화나 더 좋은 시기를 기다리기만 한다면 결국 변화는 오지 않을 것이다. 우리 자신이 바로 우리가 기다리던 사람들이다. 우리 자신이 바로 우리가 찾는 변화다."

— 버락 오바마

"세계의 문제 모두를 단번에 해결할 수 없을지도 모릅니다. 하지만 자신이 얼마나 중요한 존재가 될 수 있는지를 과소평가하지 말았으면 좋겠어요. 역사를 들여봐도 알 것입니다. 용기는 사람에서 사람으로 퍼지기는 것, 그리고 희망은 하나의 형태가 되어가는 것입니다."

— 미셸 오바마

"태어나서 가난한 건 당신의 잘못이 아니지만 죽을 때도 가난한 건 당신의 잘못이다. 화목하지 않은 가정에서 태어난 건 죄가 아니지만 당신의 가정이 화목하지 않은 건 당신의 잘못이다."

— 빌 게이츠

이런 명언들이 내 삶에 많은 영향을 끼친다. 나의 게으름 병을 자극한다. 희망을 가지고 올바른 성공을 향해 달려가게 한다. 수많은 성공자의 책을 필사하면 그의 긍정 에너지와 생각을 배워 성장할 수 있다. 나는 이렇게 생각과 말들을 바꾸고 있다. 시작이 다른 사람보다 많이 늦었기에 저자한테서 더 많은 것을 흡수하기를 원한다. 스펀지처럼 쫙쫙 빨아들여 텅 비었던 내 삶에 적용한다. 나는 나의 미래에 아주 놀랄 만한 성과가 있으리라고 믿는다.

나는 동기 부여를 하는 삶을 살아가는 것이 꿈이다. 그 길을 향해 거침없이 달리기를 원한다. 이제 더이상 뒤를 돌아보지 않는다. 지나간 과거에는 그 어떤 미련도 없다. 과거는 나를 성장하게 하고 지혜를 제공하는 한 계단일 뿐이다. 이제는 멋진 미래를 창조해내고 있다. 이 순간, 필사하는 것부터 시작한다.

성공한 많은 사람은 자신이 가장 좋아하는 것부터 하라고 한다. 기쁨으로 하면서 지치지 않고 뇌에 엔돌핀이 생겨서 더 긍정적인 결과를 만들어낸다는 것이다.

『하고 싶은 일을 하라』의 저자 오리슨 스웨트 마든은 이렇게 말한다.

"무한한 희망, 이 모든 것을 포함하는 믿음을 비웃는 것은 쉽다. 하지만 세상을 정화하고 더 나은 곳으로 만드는 사람들은 바로 목숨을 무릅쓰고, 소중한 것을 희생하고, 끝없이 노력하는 열성적인 사람들이 아니겠는가?"

나는 감동적인 문장이나 구절들을 필사할 때 무한한 에너지와 열정이 생긴다. 나의 필사 열정을 수많은 사람이 응원한다. 그들의 좋아하는 모습을 볼 때 나는 더 많은 열정의 불꽃을 피운다.

필사를 할 때 온몸의 열정을 다해 필사를 하기 때문에 내가 공유한 필사 내용에서 수많은 사람이 그 열정을 느낄 수 있다. 어떤 사람들은 필사를 그리 대단하지 않은 것으로 알고 있다. 자기 것 없이 남의 것 필사하는 그까짓 것이 무엇이 그리 대단하다고 떠드냐는 사람도 있을 것이다. 그러나 필사를 한 번도 해보지 않았고 필사에서 나오는 그 열정을 모르기 때문에 하는 말이다.

나도 남편과 같이 필사했으면 좋겠지만 남편이 원치 않아서 아직 하지 못하고 있다. 그래서 아이들에게 필사를 시키려고 해봤지만 작심삼일에 그쳤다. 그들은 아직 책 읽고 필사하는 것에 재미를 느끼지 못했다. 그저 손이 아프다고만 한다. 나는 앞으로도 아이들이 계속 필사를 하도록 인도하여 어릴 때부터 필사를 알아가게 하고 싶다.

남편과 애들이 싫어한다고 해도 나는 필사가 좋은 걸 어떡하랴. 나는 필사하면서 삶에 생기를 느끼는 걸 어떡하랴.

꾸준함이 빛을 발한다. 날마다 필사한 내용을 인스타에 올리니 '새벽 독서' 관련해서 1위 자리에 오르게 되었다. 처음에 나는 1위 노출하는 방법도 몰랐다. 그냥 필사가 좋고 내용이 좋아서, 내가 좋아서 하는 필사이기에 올렸는데 이제는 상위 노출까지 되다니 정말 놀라지 않을 수가 없다.

날마다 수백 명의 사람들이 '좋아요'를 누르고 댓글을 달아줄 때 나는 보람을 느낀다. 더 많은 지혜를 필사하여 더 많은 사람과 공유하고 싶은 마음이 커진다. 나는 지혜를 필사한다. 지식은 인풋이고 지혜는 아웃풋이라고 생각한다. 수많은 지혜를 필사할 때 나의 필사도 빛을 발한다는 것도 깨달았다.

필사하는 독서는 나의 삶을 온전히 변화시킨다. 『인생을 바꾸는 자기 혁명』 중에 이런 말이 있다.

"지금 당신의 내면에는 당신이 생각했던 것보다 더 거대한 잠재력이라는 거인이 잠들어 있다. 성공하고자 하는 인생을 살고자 한다면 먼저 그 거인을 깨워야 한다."

나는 내 속에 잠들어 있던 거인이 이제 눈을 떴다고 생각한다. 온전히 잠에서 깨어나면 움직이기 시작할 것이다. 그 거인이 움직일 때 내가 원하고 기뻐하고 즐겁게 살아가는 삶이 시작되며 빛을 내기 시작할 것이다. 그때가 되면 내 삶이 더 많은 사람에게 동기 부여를 할 것이다.

베껴 쓰기 대가인 송숙희 작가는 『최고의 글쓰기의 연습법 베껴 쓰기』에서 "위대한 성취를 이루는 은밀한 방법이 베껴 쓰기다."라고 했다. 그는 "한편의 잘 쓴 글을 베껴 쓴다는 건 잘 읽고 잘 생각하고 잘 쓰는 리터러시라는 이름의 장(腸, Intestine)을 튼튼히 하는 일이다. 리터러시가 튼튼하면 당신은 무엇이든 배울 수 있고, 이해할 수 있고, 적응할 수 있고, 응용할 수 있으며, 사회가 원하는 것을 재창출 할 수 있다. 다시 말하자면 창조사회가 절실히 탐하는 지식인재가 될 수 있다. 이 모두가 매일 한편 신문 칼럼 베껴 쓰기로 가능하다."라고 했다.

그러나 나는 꼭 신문 칼럼이 아니라도 괜찮다고 말하고 싶다. 세계적인 베스트셀러, 동기 부여가 되는 책, 성공에 관한 자기계발서라면 다 좋다.

생생하게 상상하면서 필사하라

『상상의 힘』에서 우리가 상상하면 현실로 구현된다는 사실들을 깨달았다. 이 책은『허공의 비밀』을 이어서 두 번째로 70%의 필사를 했던 책이다. 날마다 필사하는 동안 상상의 힘을 키워가면서 상상의 힘을 계속 무의식에 각인시킨다.

네가 부정적인 결과를 상상하면 부정적 현실이 되고 내가 긍정적 결과를 상상하면 긍정적 현실이 되는 것이다. 지금의 가난한 삶은 내가 과거에 가난함을 선택하고 날마다 가난한 생각을 하고 날마다 가난한 말투를 사용했기 때문에 나타난 결과이다. 지금의 삶은 내가 선택한 결과이기에 묵묵히 이겨나가야 한다. 지금 와서 투정 부리고 원망하면 미래에는 더 가난하고 의미 없고 메마른 삶을 살 수 있기에 나는 나에게 부정적 에너지가 나타날 때 미리 긍정적인 생각을 하여 차단시킨다. 나는 미래에는 더 좋은 것들로 이루어지기를 상상한다.

날마다 농부가 씨를 뿌리고 정성을 다하여 풍농(豐農)을 상상하고 때를 기다리면서 정성을 다하여 돌보고 기다리면서 살아가는 것같이 말이다.

책을 쓰는 작가이지만 직장에서도 최선을 다하며 퇴근 후에는 책을 기초로 하여 1인 지식 창업을 하는 사업가가 되는 것이 나의 꿈이다. 이제 인터넷 세상에서 살아남는 방법들을 배워가면서 멋지게 성공한 1인 지식창업가의 마인드로 날마다 자신에게 긍정 에너지를 불어넣는다. 디지털노마드 시대에 맞는 디지털노마드의 삶을 살아가야 한다. 그와 반대로 생각하고 바라본다면 삶은 뒤떨어진다.

『성경』에 "네 시작은 미약하나 나중은 심히 창대하리라." 하는 구절을 사업가들은 다 좋아할 것이다. 이 말씀으로 성공하는 과정 중에 나타나는 어려움과 두려움을 극복하고 인내하고 끝내 성공의 보좌에 오를 것이다. 늘 가슴에 담고 있는 말씀이다. 하나님이 함께하시고 하나님의 인내를 닮은 아들이면 끝은 심히 창대함을 믿으면서 날마다 행복하고 즐겁게 일을 할 수 있다.

현실만 보지 말고 멋지게 만들어질 결과를 상상하며 그 과정에서 투정하지 말고 오로지 원하는 것에만 집중해야 한다. 그렇게 집중하고 몰입할 때 더 나은 결과가 나온다. 이미 멋진 결과를 상상해왔기 때문에 현실에서 멋진 결과가 나타나도 그 상황이 익숙하고 자연스러운 것처럼 느껴진다. '결말에서 시작하라'는 말은 부자들이 기하급수적으로 부를 이루는 생각 방법 중의 하나이다.

『성경』 창세기에 요셉이라는 사람이 나온다. 이스라엘이 노년에 낳은 11번째 아들, 그는 이스라엘의 사랑하는 아내 라헬이 낳은 아들이다. 이스라엘은 이러한 요셉을 더 사랑하여 채색옷을 지어주었으며 형들은 시기 질투하였다. 요셉은 꿈을 꾸고 형들에게 이야기한다.

"우리가 밭에서 곡식 단을 묶었더니 내 단은 일어서고 당신들의 단은 내 단을 둘러서서 절하더이다."

요셉이 다시 꿈을 꾸고 "해와 달과 열한 별이 내게 절하더이다." 하니 형들은 시기하였지만 아버지 이스라엘은 그 말을 마음에 간직하였다고 한다.

마침내 13년 뒤에 요셉은 서른에 애굽 총리가 되어 나라를 지혜롭게 잘 다스리고 바로왕의 꿈을 하나님의 해몽으로 풀어 7년 풍년 세월을 지혜롭게 잘 다스려서 흉년을 미리 대비하니, 요셉의 형제들과 주변 나라들에서 요셉에게 와서 절하며 식량을 구하였다.

교회에서 항상 꿈을 가지라고 설교할 때 요셉 이야기가 등장하는 이유가 있다. 요셉은 어릴 때부터 크게 성공하는 자신의 모습을 꿈꾸고 있었다. 그리고 꿈들은 13년 뒤에 이루어졌다. 그는 애굽을 다스리는 총리가 되고 형제들과 이웃나라 사람들은 식량을 구하러 요셉을 찾아 와서 굶주리는 상황을 해결하고 요셉은 왕에게 많은 권력과 재물을 안겨주었고 아버지와 형제들을 흉년에서 지켜내고 많은 이웃나라 사람들을 바로 왕의 국민으로 만들고 국고를 키우고 나라를 키워나갔다. 요셉은 꿈을 꾸었기 때문에 현실로 이루어진 것이다.

〈한책협〉 김도사님도 상상의 힘으로 꿈을 이루고 자수성가한 코치이다. 그는 동네에서 제일 가난한 집의 아들이었다. 그러나 그는 자신의 꿈만 가지고 20여 년 끝에 현재의 자리에 올라서게 되었다. 그는 날마다 미래에 성공한 자신의 모습을 상상하면서 작가의 꿈을 위해 수없는 노력을 했다. 초기에 출판사로부터 500여 번 거절당하고도 꿈을 포기하지 않고 꿋꿋이 책을 써왔다. 김도사님은 그런 경험들로 수강생들의 의식을 높이고 상상력을 깨워 그들이 성공한 베스트셀러 작가이자 천재적인 작가임을 일깨워주고 있다.

나는 미래에 성공한 자신을 생각하고 상상하면서 스스로 마인드를 선택한다. 힘들고 지칠 때도 부정이 아닌 긍정적인 사고와 마음가짐을 선택하면 행동력이 점점 더 성숙해져간다. 나는 〈한책협〉을 만나서 내 삶이 변화되었다고 생각한다. 가난한 마인드를 긍정적인 부자의 마인드로 바꾸니 나부터 시작하여 모든 주변 사람과 사물이 다 귀한 존재로 보이고 더 많이 수용할 수 있게 된다. 스스로를 수용하고 귀한 존재라고 여김으로써 가족이나 다른 사람에게까지 긍정 에너지를 흘러가게 한다.

나는 긍정적 에너지에 목이 말라 있었다. 긍정적인 사고와 긍정적인 에너지로 살면서 타인에게도 긍정적인 에너지를 주고 싶었지만, 책 읽기 전에는 나 자체가 부정 덩어리여서 오히려 다른 사람들의 긍정적 에너지를 소모했었다. 그런 자신이 더 밉고 안타까웠다. 그래서 더 나 자신을 바꾸고 싶었고 더 자신을 행복하게 만들고 싶었다.

책을 읽는 것을 떠나 내 이름으로 된 책을 써낸 것이 기적이다. 나의 마인드가 부정적에서 긍정적으로 바뀐 것이 또 하나의 기적이다. 이렇게 책을 쓰고 위치를 바꾸니 생각도 바뀐다. '나는 작가다.'라고 인정하게 되고 작가의 길로 가면서 멋진 1인 지식창업가로 성장해나간다. 이미 준비가 된 다른 사람들은 결과물이 빨리 나오지만 나는 다른 사람보다 늦게 시작했기에 좀 더 많은 시간과 노력이 필요하다. 그러므로 다른 주변 사람의 눈치를 보지 않고 오로지 원하는 일에만 집중하려고 한다. 그것이 쌓이고 쌓여서 보이지 않는 자산이 될 것이다. 늦게 가도 괜찮다. 바른 길로 가면 된다.

나는 오늘도 멋진 1인 사업가로 성장하는 것을 멋지게 상상하며 잠재의식에 각인시킨다. '나는 성공한 1인 사업가이다.' 나는 오늘도 크게 외친다. 미래의 멋진 모습을 상상한다. 내가 원하는 집에서 원하는 디지털 노마드의 삶을 살아가고 직장 다니지 않고서도 직장보다 더 많은 수익을 창출하는 그날을 맘껏 상상하면서 오늘도 원고를 작성한다.

"일을 할 때 기간이 미루어지는 건, 그 일을 통해 자신의 인생이 바뀔 것이라는 믿음이 부족하기 때문이다. 시간을 낼 수 있음에도 그 일을 우선순위에 두고 있지 않기 때문이다."

김태광의 『독설』 중에서 나오는 구절이다. 원고 쓰기가 늦어질 때면 이 구절이 나를 자극한다. 원고를 한 문장이라도 쓰도록 나의 마음을 이끌어간다. 흐트러짐을 보게 하고 마음을 다시 정리하게 하여 식은 가슴에 불을 붙인다. 날마다 가슴에 불을 붙여야 한다. 가만히 놔두면 다 식어 꺼져버린다.

필사에도 우선순위가 있다

일을 잘해내려면 우선순위가 중요하다. 벼를 심으려고 해도, 심기 전에 먼저 논을 쟁기질하고 로타리를 준비해놓고 때가 되면 씨앗을 담그고 기다렸다가 또 때가 되면 맞추어서 농사일을 해야 한다. 마늘도 양파도 마찬가지다. 무엇을 심기 전에는 땅을 최대한 부드럽게 하는 것이 우선이다.

집안일을 하는 것도 중요하지만 아이들이 아프면 병원으로 먼저 뛰어가 아이들 먼저 챙겨줘야 한다. 또 집안 청소도 마찬가지다. 우선 정리정돈 후에 쓸고 닦아야 한다. 설거지를 할 때도 먼저 컵 같은 것을 우선으로 설거지한다. 우리 삶은 늘 우선적으로 요구하는 것들이 있다. 해도 그만 안 해도 그만이 아닌 먼저 해야 될 것이 있다.

필사도 마찬가지다. 나는 새벽 시간에 먼저 의식을 변화시키는 필사를 시작한다. 잠의 유혹을 물리치고 새벽에 일어났기에 더욱 의식의 변화를 가져올 수 있는 책을 필사하기 시작한다. 의식에 관한 책을 필사하고 영혼이 최대한 행복한 상태, 나 자신이 최대한 충만한 상태에서 원고를 쓰기 시작한다. 이럴 때 원고는 이미 머릿속에서 형성되어 그냥 타이핑하기만 하면 써진다. 기쁜 마음, 즐거운 마음으로 쓰면 원고는 거침없이 써진다. 이렇게 거침없이 써 내려갈 때 원고의 퀄리티가 더 좋아진다.

"매사에 우선순위 결정이 중요하다. 중요한 건 일정표에 적힌 우선순위가 아니라 당신 인생의 우선순위를 정하는 것이다."

스티븐 코비

책을 읽으면 읽을수록 가정의 소중함을 깨달아간다. 심리 선생님도 가정의 중요성에 대해서 상담해주시고 가정에서 엄마의 위치의 중요성을 이야기해주신다. 내가 가정에서 아내이고 엄마이고 또 작가인 위치를 똑바로 세우고 맡은 바 최선을 다해나갈 때 성공도 따라오게 된다. 책 쓰기에만 집중하고 가정에 신경 쓰지 않는다면 가정은 점점 더 어지러워지고 자녀는 더 산만해지며 모든 것이 엉망이 될 것이다.

항상 뇌에 3가지를 먼저 각인시켜놓고 잠재의식에 심어놓는다. 나의 현재 위치, 즉 아내이고 엄마이고 작가인 것이 나를 나타내는 3가지 위치라면 최대한 긍정적으로 받아들여야 한다. 사랑하고, 가정을 위해 헌신하는 것이 자녀와 가정에 대한 투자이며 그것이 최고의 투자이다.

가정을 돌보지 않고 이룬 사회적 성공은 참된 성공이 아니다. 항상 가정을 먼저 세우고 사회로 나가는 것이다. 나는 이 사실을 깊이 깨달으려고 늘 무의식에 각인시킨다. 가정이 튼튼하게 서면 단단하게 뿌리를 내려 내가 꿈꾸는 행복나무가 행복한 열매를 맺게 된다.

나는 자녀에 더 신경 쓰고 싶어서 3개월 다니던 요양시설을 그만두었다. 가장 큰 첫 번째 이유는 학교 개학일이 다가온다는 것이다. 더구나 막내는 이제 2학년이어서 매일 등교를 한다. 따라서 비대면 수업으로 일주일에 1~2번 가는 경우와 달리 아이에게 더 신경을 써야 한다.

내가 돈 벌려고 7시 20분에 집에서 출발하면 아이들 아침밥도 등교 준비도 제대로 되지 않는다. 나는 막내 머리도 묶어주고 싶다. 아이가 예쁜 옷을 입고 학교에 갔으면 좋겠다. 아이 역시 엄마가 자기를 챙겨줘서 예쁘게 하고 등교하고 싶어 한다. 내가 3개월간 요양시설에 다닐 때는 아이들보다 시설 어르신들을 우선으로 해야 했다. 아이들끼리 밥을 챙겨 먹으니 막내는 장염을 늘 달고 살았다. 이런 모습을 보면서 나는 아이들과 가정이 먼저임을 느꼈다. 그래서 미련 없이 그만두었다. 요양시설에서는 3개월부터 일머리가 생겨 일하기가 쉬워진다. 해야 할 일들이 눈에 들어오기에 스스로 척척 해나갈 수 있다. 그래도 결국 아이들이 먼저임을 선임 선생님들도 이해해주셨다. 나를 이해해주는 시설이 고맙게 느껴진다. 막내가 자신을 스스로 챙길 수 있을 때, 다시 어르신들을 돌볼 수 있도록 마음 한 구석에 소망을 간직하고 있었다. (나중에는 내가 원하는 9시 출근하는 시설로 옮김)

나는 행복한 가정을 만들어가는 것이 소원이다. 남편과 자녀와 행복하게 대화하면서 서로 사랑하고 조화로운 가정이라는 울타리에서 지구 인생 체험을 잘 하면서 살아가기를 원한다. 이제 결단했으니 새롭게 9시에서 17시까지 일하는 직장을 찾아야 한다. 일을 하지 않으면 안 되는 것이 현재의 삶이다. 따라서 일자리는 다시 얻되 대신 내가 좀 더 자유롭고 좀 더 아이들을 신경 쓸 수 있는, 또 내가 하는 만큼 수익이 나는 일을 해야 한다.

생계를 위한 일을 하면서 1인 지식사업가로 나아가는 삶이 내가 원하는 삶이다. 그리고 최종적으로 성공적인 1인 지식사업가가 되면 생계형 일은 그만두고 지식 사업가의 일에 몰두할 것이다. 작가의 삶이 그 길이다. 아이들을 돌볼 수 있고 또 직장에 얽매이지 않고 자유자재로 어디서나 나 자신이 원하는 일을 할 수 있는 디지털노마드의 삶. 이것이 진정 내가 꿈꾸는 삶이다.

코로나 이후 세대는 필히 1인 지식 창업을 해야 하는 시대다. 코로나가 끝난다고 해도 또 다른 전염병이 나타날 수도 있는 시대다. 비대면과 온라인 근무가 더 활성화되고 온라인을 이용한 부자들이 많이 나타난다. 현재의 젊은 시대들이 주류를 구성하고 나이에 관계 없이 도전하는 사람은 그 물살에 같이 간다. 그러나 그런 흐름에 따라가지 못하고 자신이 뒤처지고 있는 줄도 모르면 결국 도태되어갈 수밖에 없다. 따라서 나이 40에도 우리는 부지런히 배우고 도전하고 새로운 시대에 부합되게 해야 한다. 나이 40, 늦지 않았다. 개인의 삶을 좀 더 충만하고 풍요롭게 이루어가려면 '늦었다고 생각할 때가 바로 적기'임을 기억해야 한다. 그때부터 배우고 성장하고 따라가면 더 풍요로운 삶을 살아갈 수 있다.

그 기초가 독서이다. 독서로 시작해서 최고의 자기계발인 책 쓰기를 할 수 있다. '책은 아무나 쓰나?' 하는 사람들이 많지만 직장 다니는 지금이 책 쓰기 제일 좋은 시기다. 자신의 경험이나 자신이 제일 잘하는 일로, 자기 이름으로 된 책을 내서 자신의 이름을 세상에 드러내고 사람들이 자신을 알아줄 때 삶은 더 풍요로워질 수가 있다. 모든 삶은 출력이 된다. 집어넣기만 하고 *끄집어내지* 않거나 *끄집어낼* 데가 없는 사람은 우울하게 된다. 나는 우울증에 걸린 사람들이 자신의 머릿속과 마음속의 경험과 지혜를 *끄집어낼* 때 우울증을 극복할 수 있다고 생각한다. 무엇이든지 무슨 방법으로든지 자신의 것을 *끄집어낼* 때 다른 사람에게는 동기 부여가 되고 나 자신에게는 치유가 된다.

나도 그랬다. 우울해서 죽지 못했던 삶이었지만 책을 쓰는 과정에서 감정들을 *끄집어내면서* 점차 생기를 가지고 활력이 넘치게 되었다. 책을 쓰면서 관점이 바뀌고 습관이 바뀌고 행동이 바뀌니 우울증도 언제 있었나 싶게 사라져갔다.

이제는 우울할 시간이 없다. 행복하고 긍정적이고 기쁜 일을 하기에도 시간이 부족하다. 어찌 나쁜 감정에 연연하고 집중할 수가 있겠는가? 나는 이미 우울증에서 탈출했다. 출애굽한 백성처럼 나는 이미 한계의 '감옥'을 탈출했기에 다시 우울증의 세상으로 돌아가고 싶지 않다. 우울한 과거에 얽매이기 싫다. 나는 책을 써내면서 밝음을 보았다. 다시는 어둡고 곰팡이 끼고 습기 차고 음침하고 우울한 날로 돌아가지 않겠다고 다짐하고 또 다짐한다.

4장

오래 기억에 남는 것을 넘어 삶을 바꾸는 필사 독서

우리나라에는 오래된 가게가 얼마 없다. 그러나 일본에 가면 오래된 가게가 많다. 100년 역사를 가진 수많은 가게가 있다. 100년 넘는 우동 가게만 봐도 그렇다. 3~4세대 동안 오로지 자기들의 비법을 전하고 유지해나간다. 첫 세대부터 내려오는 레시피를 유지하기 위해 후세대 사람들이 노력하고 애쓴다. 비법대로 하는 것이 습관이 되고 몸에 배어 명물이 나온다.

오래도록 어떤 사실을 기억하고자 하면 반복적인 연습이 필요하다. 독서를 하면서 오래도록 기억하려면 메모를 하면서 자신의 생각과 느낌을 같이 써야 하며 또한 온몸으로 필사를 해야 한다. 자신의 감정과 생각이 이입될 때 그 사건이나 내용을 오래 기억할 수 있다.

때로는 순간적인 자극도 오래갈 수 있다. 트라우마 같은 경우다. 사람들이 사고를 당하면서 트라우마를 가지게 되면 커서도 종종 그 당시 사실이나 사건을 기억할 수 있다. TV에서는 사랑을 통해 이런 트라우마를 극복하고 더 멋진 사람으로 거듭난다.

그러나 일반적으로는 오래 기억하기 위해서는 시각화하고 관심을 가지고 마음속에 스토리를 만들어야 가능하다. 우연한 기회에 유튜브 영상을 보게 되었다. 자궁 속에서 수정 장면을 현미경으로 찍은 영상이다.

처음 이 영상을 플레이할 때 나는 감탄했다. '와우~ 한 사람의 탄생이 우주 탄생과 같네.' 하면서 감동하였다. 영상은 정자들의 험난한 여행을 생생하게 보여주었다. 그러면서 나의 존재를, 나라는 한 사람이 얼마나 위대한지를 알게 되었다. 그 영상은 감탄하며 시각화하면서 보았기에 오래도록 머릿속에 가슴속에 남아 있다. 한 생명의 탄생이 그처럼 놀랍고 오묘할 수가 없다. 나도 그렇게 창조된 존재라는 것을 믿는 순간 '나는 대단한 사람이다, 나는 우주적인 존재다, 나는 강한 사람이다, 나는 300만 분의 1이라는 위엄 있는 승자다.'라는 생각으로 가슴 가득 채웠다.

그런데 이처럼 위대한 나는 왜 못나고 제일 바보 같고 아무것도 할 수 없는 존재로 살았던가.

부모의 끊임없는 세뇌와 주변 환경의 세뇌 때문이다. 어릴 때부터 '하지마, 안 돼, 말아라, 나가.'라는 말들이 '나'를 제약하고 나의 무한한 능력을 제한하였다. 어릴 때부터 그런 말을 들으면 삶은 기를 펴지 못하고 자꾸 움츠러 들어가 결국 '안 되는 인간'이 되어버렸다.

영상을 보는 순간 나는 다시 나의 정체성을 깨닫게 되었다. 스스로 자신을 함부로 대했던 지난날이 부끄러웠다. 자신을 부정하고 자신을 '내'가 아닌 다른 사람의 눈높이에 맡겨두고 주변의 시선을 위해 살아가도록 허락해왔던 것이다. 그 결과 점점 더 '나'가 없어지고 스스로조차 찾아볼 수 없는 '나'가 되었다.

그렇게 영상은 나의 감정과 의식을 확 뒤엎었다. 더이상 움츠러져 있을 존재가 아닌 것을 믿기에 나는 내면 깊은 곳에서부터 어깨를 활짝 펼수 있었다. 나는 처음 만들어질 때부터 성공자였다. 나는 놀라운 능력자였다. 나는 고난을 이겨 내는 존재였다. 고난은 나의 손재보다 삭았다. 현재의 어려움은 내가 이 세상에서 창조된 소명보다 훨씬 작았다. 나는 유일한 나다. 더이상은 외톨이가 아니다. 나는 이 지구에 무한한 사랑과 기쁨, 즐거움을 체험하러 온 존재이다. 나의 정체성을 긍정으로 바꿔버리자 고통스러웠던 지난 과거들이 용서됐다. 더이상 억울하지 않다.

직장을 구하는 것도 마찬가지다. 내가 하고 싶고 나를 위한 시간적 여유가 있는 직장이 최고다. 나는 월급을 많이 주는 직장도 찾아서 다녀봤다. 그러나 월급을 많이 주는 회사는 일이 두려울 정도로 힘들었다. 개인적 시간을 조금도 가질 수 없었다. 쉬는 날이 없었다. 그런데 사람들은 그처럼 월급이 많은 회사에 들어가기 위해 노력하고, 들어가서 자신을 헌신하고 있다.

나는 책 쓰기 과정에서 다른 사람의 직장에서 현대판 노예로 살아가면 노후가 보장받지 못함을 배웠다. 직장 생활이 전부가 아니다. 직장을 다니더라도 자신만의 1인 창업을 준비하는 시간이 필요하다. 아무리 직장 생활이 어렵고 힘들더라도 인생 2막을 준비하는 마음으로 하면 견뎌낼 수 있다. 일이 편한 직장은 없다. 그러나 시간적 여유를 가질 수 있는 직장이더라도 기본적인 생계가 유지하기 힘들 정도면 또 다른 선택을 해야 할 것이다.

이렇게 우리는 항상 선택해야 한다. 매일 먹는 음식부터 시작해서 옷, 직장 모든 것을 선택하면서 살아간다. 최대한 긍정적인 선택을 해야 한다. 지금은 꿈을 우주에 주문해놓고 기다리는 버퍼링 시간이다. 지금 불평불만을 하면 나의 꿈이 이루어지는 시간이 그만큼 더 길어진다. 그러므로 무엇을 하든지 긍정의 마음을 잃지 않는 게 우선이다.

1인 사업가의 꿈을 키워나가기 바란다. 현재 삶이 어렵다고 꿈을 이루기 위한 삶에서 점점 멀어져가게 하는 직장은 오래 다닐 수 없다. 임시방편으로 다니는 직장은 자신의 열정을 최대한 끌어올리지 못한다. 자신에게 맞는 직장을 얻어야 한다. 확실한 꿈을 이룰 수 있는 직장을 찾아야 한다.

나는 나에게 가장 잘 맞는 직장은 작가로서 1인 창업을 하는 것, 그리고 방문요양보호사로 일하는 것이라고 생각한다. 요양보호사 일은 3개월을 해봤다. 그러나 시설에 얽매이는 것은 다른 직장과 같았다.

그러나 방문요양, 재가 요양보호사는 나에게 시간적 여유를 안겨줄 것이다. 나는 방문요양, 재가 요양보호사를 모집한다는 공고를 보고 지원했다. 그곳에 다닐 수 있기를 바란다. 가정을 돌보면서 일하면서 나의 꿈을 이룰 수 있는 최상의 직장이다. 이미 나는 합격되었다고 생생하게 상상한다. 그러나 방문 요양은 하루 한집, 하루 1시간 서비스를 제공한다. 나는 기본적인 생계를 유지하기 위해 다른 시설을 찾기로 했다.

내가 원하고 좋아하는 일을 할 때 그 일을 즐겁게 오래 할 수 있다. 나의 열정과 무한한 능력을 끌어올린다. 좋아서 하는 일을 할 때 나는 피곤하지 않고 오래도록 즐기면서 한다.

『종이 위의 기적 쓰면 이루어진다』라는 책을 읽으면서 나는 내가 원하는 것을 더 많이 쓰고 있다. 지금도 내가 원하는 일을 하고 싶어서 새벽에 일어나 키보드를 두드린다. 직장 일도 잘 이루어질 것이다. 왜냐하면 나는 지금 쓰고 있기 때문이다. 내가 원하는 기적이 이미 이루어진 모습을 상상하면서 나는 쓰고 있다. '항상 결말의 관점에서 시작하라'는 말은 내가 원하는 것이 이미 이루어진 상태를 상상하면서 그 일에 집중하고 즐기라는 것으로, 이렇게 과정에서 성취감을 누리며 살아가는 것이 '성공'이라고 믿는다.

성공에 관한 관점도 바뀌었다. 전에는 그냥 돈만 많이 벌면 성공하는 줄 알았지만 지금은 아니다. 지금은 가정을 돌보면서 그리고 내가 일하는 과정에서 작은 성취감을 느끼면 그 것들이 쌓여서 큰 성공을 이룬다고 믿는다. 나는 이미 마인드가 바뀌었다. 불평불만 대신 긍정을 항상 선택하고자 한다.

의도적으로 긍정적인 선택을 하면서 내 삶은 더욱 풍요로워진다. 지금 당장 결과가 나타나지는 않지만 나의 꿈을 항상 무의식에 각인시키면서 포기하지 않는다. 늦게 가진 꿈인 만큼 몇 배로 소중하다. 이 소중한 씨앗을 가슴에 품고 열매가 주렁주렁 열릴 꿈나무를 기대하면서 날마다 햇빛 주고 물 주며 잘 돌봐주고 있다. 네빌 고다드의 말처럼 상상하면 현실로 구현된다.

내가 원하는 것은 이미 이루어졌다.
현실에 나타나는 데 기다릴 시간이 필요할 뿐이다.

나에게 맞는 자기계발은 새벽 독서에 있다

주변의 많은 바쁜 사람들은 자기계발을 하고 싶어 하며 하려고 애쓴다. 자기계발을 할 수 있는 방법은 참으로 많다. 명상, 기도, 독서, 글쓰기, 공예, 미술, 운동, 노래와 춤…. 자기계발은 각각 자신에게 맞는 것으로 해야 한다. 자신에 맞지 않은 자기계발은 힘들고 시간 낭비이며 결과물도 잘 나오지 않는다.

나에게 맞는 자기계발은 책을 쓰기 위한 새벽 독서다. 나를 변화시키는 의식독서의 필사는 나에게 딱 맞는다. 새벽마다 필사하기 위해 일어나는 지금은 내면의 기쁨을 최고로 끄집어낼 수 있다. 너무나 행복한 새벽 시간이다. 날마다 필사할 내용들이 궁금하고 '오늘은 어떤 내용의 필사가 나를 행복하게 할까?' 온통 머릿속에는 행복한 일들로 충만하다. 필사를 하면서 나의 꿈은 더 확고해지고 흔들렸던 마음은 한곳으로 집중된다. 여러 가지 외부 일이 시끄럽고 조화롭지 않아도 필사하는 나의 마음은 고요해진다. 이리저리 치우치지 않고 오직 내가 원하는 것만 생각하고 집중한다.

나는 오늘도 새벽 필사를 위해 3시에 일어났다. 3시 기상은 나에게 충만함을 더해준다. 새벽의 2시간 30분 동안 너무나 많은 일들을 할 수 있다. 필사하고 SNS에 올릴 수 있는 콘텐츠들을 만들어내는 시간이다. 많은 사람은 새벽 독서만 하지만 나는 새벽 필사를 하면서 모든 삶을 기록으로 남기는 삶에 점차 익숙해지고 있다. 기록을 남기는 것만이 나를 차별화한다.

『새벽 독서의 힘』에서는 일단 책을 하루에 한 페이지라도 읽으라고 권했다면 지금은 하루에 한 구절이라도 필사하라고 권하고 싶다. 한 구절이라도 필사할 때 그 구절은 나의 것이 되고 삶을 변화시킬 수 있다. 원고도 하루에 한 구절이라도 쓰기 시작하면 새벽시간을 활용해 한 꼭지도 쓸 수 있다. 이것저것 걱정하면서 시도하지 않으면 어떤 결과물도 만들어낼 수 없다. 그러나 행동하면 시간이 흐름에 따라 결과물은 반드시 나오게 된다.

나는 새벽에 못 쓰면 아예 그날은 원고 쓰기를 포기한다. 새벽에 안 쓰면 그날은 원고가 안 써진다고 한정했다. 그래서 그런지 이번 원고는 쓰는 기간이 길어진다.

아무리 습관이라고 해도 늘 몸에서는 편한 것을 생각하기 때문에 하지 않을 핑계를 준다. 조금만 무슨 일이 생기면 몸이 힘들고 지치고 피곤하다. 오늘만 좀 더 잘까? 오늘만 원고 쓰지 말까? 결국 날마다 의지를 불태워서 3시에 일어나던 것이 자꾸 늦어진다. 요즘은 자기합리화를 하는 바람에 4시 다 되어 일어나게 됐다. 몸이 천근만근 하여 벌떡 일어나지 못한다. 3시에 일어날 때는 필사와 원고 쓰기를 새벽 2.5시간 안에 거뜬하게 다 할 수 있었지만 4시에 일어나니 계획대로 다 할 수 없다. 일들이 자꾸 밀린다. 잠자는 시간도 늦어지고 새벽 기상은 계속 늦어진다. 이러한 상태가 계속되면 새벽 기상 자체가 흔들린다.

다시 자신을 되돌아보고 마음에 열정의 불씨에 부채질해야 한다. 의도적으로 3시에 벌떡 일어나서 원래의 3시 패턴을 회복해야 한다. 원고를 쓰는 지금도 하품이 저절로 나온다. 하품이 나와도 새벽 기상을 해야 한다. 합리화 할수록 해야 할 것들이 더 많아진다. 일이 밀리기 때문이다.

시간은 미래에서 흐른다. 미래의 시간을 현재로 당겨와서 피곤한 지금 사용하고 무엇인가를 결과를 만들어야 한다.

이렇게 며칠 지나면 다시 3시 패턴의 열정으로 돌아갈 수 있다. 그때는 몸이 또 자연스러워진다. 원고도 잘 써진다. 바쁘게 움직여도 해야 할 것은 해야 한다고 마음먹을 때 결과를 만들어낼 수 있다.

모든 것은 이미 우리 안에 이루어져 있다. 단지 우리가 그것을 하고 싶은 의지가 없기 때문이다. 새벽 기상하고 새벽 독서하는 것은 의지를 키워준다. 남들이 자고 있는 새벽, 일어나 졸음과 싸우면서 내가 좋아하는 필사 독서를 하는 것은 멘탈이 강화되게 한다.

새벽마다 하는 필사 독서는 나에게 넘쳐나는 에너지를 허락한다. 물론 새벽 3시에 일어나서 하려고 했던 것들을 이루었을 때를 말한다. 성취감으로 활력 넘치는 하루를 시작한다. 또한 필사를 공유하며 나의 열정을 충분히 SNS에 전달할 때 사람들은 나를 열정의 아이콘으로 봐준다.

내가 좋아하는 새벽 필사에 열중하고 온 정신을 몰입해야 한다. 나의 열정으로 무기력한 사람들이 동기 부여를 받고 다시 자신을 돌아보며 무기력함에서 벗어나고 본인들도 새 힘을 가지고 새롭게 도전한다.

새벽 필사하는 시간은 무한한 에너지를 공급하고 내가 성과를 만들어 내는 귀한 시간이다. 할 수 없다고 생각하는 것도 점점 할 수 있도록 만들어준다. 무엇이든 안 된다는 핑계보다 되게 하는 방향을 선택한다. 한계 짓던 나를 한계에서 벗어나게 한다. 또한 자신의 꿈과 목적과 방향이 더 뚜렷하게 나타내고 그 목적을 향하여 꿈을 향하여 더욱 분발하게 한다.

『마음을 비우면 얻어지는 것들』이라는 책에서 나는 이런 구절을 보았다.

"하나의 미립자가 여러 곳에 동시에 존재한다면 미립자로 만들어진 '나' 또한 여러 곳에 동시에 존재할 수밖에 없다. 하나면서 동시에 여러 개이기 때문에 서로 영향을 미치는 게 당연하다. 그러면 이렇듯 무수한 나의 존재는 내게 무슨 의미가 있을까? 나와 똑같은 사람이 했다면 나도 할 수 있다."

수많은 성공한 사람이 새벽 시간을 활용하여 성공의 길로 갔다면 나도 할 수 있다. 나도 내가 원하는 삶을 살아갈 수 있다는 뜻이다. 나도 내가 하고 싶은 일을 하면서 내가 좋아하는 사람을 만나고 내가 살고 싶은 멋진 삶을 살아갈 수 있다. 그들처럼 그들을 모방하면 된다.

나는 나의 꿈을 가지기 위해 삼성생명FC교육을 받은 적이 있다. 열정적인 도전을 하고 삶을 더 아름답게 하기 위해서 하던 요양보호사 일은 그만두었다. 요양보호사로서 일하기에 너무나 한계가 많았다. 나의 시간을 가질 수 없는 것도, 아침에 아이들 등교 준비를 해줄 수 없는 것도 그렇고 체력적인 한계도 있었다. 몸에 오는 아픔의 신호는 내가 극복할 수 없었다. FC는 자신이 하는 만큼 성과를 낼 수 있다. 많은 사람이 성장하고 있는 모습도 봐왔다. 그래서 나도 FC에 도전하려고 했다.

유튜브에서 한 유튜버가 보험 FC에 대한 영상을 찍은 것을 보았다. 그도 그리 말한다. 처음에는 자기가 잘하는 줄 알았다고 한다. 선배들의 가르침을 더 멋지게 자신의 것으로 만들려고 혼자 애를 쓰다가 결국에는 안 좋은 결말을 보았다. 그러다가 한 선배의 성공적인 사례를 보면서 선배와 똑같은 방법을 사용하자 그의 삶은 점점 더 나아졌다. 그는 지금도 그렇게 말하고 있다. 성공하고 잘한 사람들을 본받아 그들이 한 것처럼 하면 성공한다고 말이다.

이 영상을 보면서 '저들이 했으면 나도 할 수 있다.'라고 마음속에 각인시켰다. 그들의 방법을 배우고 그들이 가르치는 대로 따라가면 그들의 성공적인 시스템이 나를 성공으로 인도한다. 최고의 책 쓰기 코치와 시스템에 맡기니 『새벽 독서의 힘』이라는 내 책이 나온 것과 같다.

모든 삶의 현장은 다 똑같은 것 같다. 내가 어떤 분야에 관심을 가진다면 그 분야에 성공한 사람을 롤모델로 하여 그와 똑같이 하면 된다. 그러면 나도 그들처럼 성공할 수 있다. 성공한 사람들의 자기계발서를 읽을 때 나도 그들처럼 '할 수 있다'는 관점으로 세상을 바라보며 동기 부여를 받고 다른 사람에게도 동기 부여를 해줄 수 있다.

자기의 지식과 경험과 노하우를 팔아서 동기 부여를 하는 삶이 메신저의 삶이다. 메신저의 삶이라는 다른 세상을 알게 된 이상, 그전에 꿈 없던 가난한 농부로 돌아가지 않을 것이다. 농부를 하더라도 꿈을 꾸고 성공한 농부들을 따라 똑같이 하여 성공한 농부로 살아갈 수 있다.

의식이 바뀌는 것이 중요하다. 의식이 바뀌면 생각이 바뀌고 또 행동이 바뀔 수 있다. 과거와는 다르게 원치 않았던 삶이 원하는 삶으로 바뀐다.

4 - 3

출근 전 2시간 하는 필사 독서는 하루의 첫 미션이다

매일 3시에 일어나는 것이 이미 습관이 되었다. 3시에 일어나면 제일 먼저 세수하고 미지근한 물 한 컵을 마신다. 미지근한 물 한 컵이 밤새도록 갈증난 내 몸을 활기차게 해주고 그런 사소한 움직임이 잠에서 온전히 깨워준다. 그리고 나서 거실의 작업공간으로 이동하여 노트북을 켜고 필사를 먼저 시작한다. 필사는 먼저 행복하게 살기 위한 책으로 시작된다. 그 다음 영적인 성장을 이루기 위한 책을 필사한다. 이렇게 4~5권의 책을 5시 30분까지 필사한다.

나는 그날 필사한 내용으로 새 힘을 얻는다. SNS에 공유하면 수많은 사람의 호응을 받으면서 칭찬에 메마른 나에게 스스로, 그리고 타인으로부터의 칭찬이 쏟아지니 기분이 상당히 업된다. 긍정적인 에너지가 마구마구 솟아난다. 나를 만나는 사람마다 기쁘고 행복한 에너지를 느낄 수 있다고 한다.

나는 필사를 하기 전에는 그 어떤 것도 나눌 것이 없었다. 물질적 나눔만이 나눔인 줄 알았다. 그래서 물질적 나눔을 할 수 없는 나는 아무것도 나눌 것이 없다고 한계를 지었다. 그러나 그 작은 한계 하나를 뛰어넘으니 나눌 수 있게 되었다.

하지만 지금은 필사하고 그 내용을 SNS에 올릴 때 나는 많은 나눔을 하는 것이다. 열정을, 행복하고 멋진 책의 내용을, 성실함을, 꾸준함의 에너지를, 꿈을, 또 사랑을 나눌 수 있다. 웃음, 생각, 감정, 행복도 나눌 수 있다. 만질 수는 없으나 느낄 수 있는 것들을 나눌 수 있다. 이러한 미션들을 완성하고 SNS에 올리면 하루 일과를 다 한 듯하다.

그 후에 직장으로 일하러 가거나 밭으로 간다. 새벽에 제일 먼저 시작되는 미션들로 하루 목표의 80%의 일을 한다. 그러면 하루 내내 여유가 있다. 새벽 동안에 일을 해놓으니 머릿속이 깨끗하다. 들에 일하러 가도 들에 하는 일에 집중할 수 있고, 때로는 독서도 하거나 책을 쓴다.

새벽에 미션들을 못할 때는 하루 동안 하지 못한 일들이 머릿속에 남아 찜찜하다. 해야 한다는 생각에 사로잡혀 몸은 일해도 마음은 새벽에 하지 못한 미션들에 남아 있다. 이런 날은 들에서 일하는 시간이 너무 힘들다. 해야 할 일을 생각하고 있기 때문에 감정적으로도 에너지를 많이 소모한다. 같은 일을 하더라도 다른 날보다 더 많이 힘들다. 이미 습관되어 있는 몸이 뭔가 다름을 알고 있는 것이다.

홍콩배우 성룡의 〈我是谁〉라는 영화를 아주 감명 깊게 여러 번 봤던 기억이 난다. 성룡은 한 특수부대 요원이었으나 사고로 기억을 잃었다. 그러나 몸은 자신이 특수부대의 요원임을 기억한다.

그는 자신의 정체를 혼란스러워 하지만 그는 총 앞에서 두려워하지 않는다. 손쉽게 상대방의 총의 탄알을 빼버린다. 몸이 자동적으로 삶을 위협하는 행위들에서 벗어나고 있었다. 순식간에 일어나는 일이기에 그는 자기 자신이 그런 능력을 갖고 있다는 것에 대하여 놀라워한다.

새벽 필사도 마찬가지다. 일단 새벽 필사를 시작하여 꾸준히 하고 몸에 배어 습관이 되도록 해야 한다. 필사가 습관이 되면 몸이 기억한다. 어떤 일이 잘되지 않을 때, 근심과 걱정이 생길 때도 또 화가 나는 일이 일어날 때도 새벽 필사를 하고 싶은 욕구가 올라온다.

얼마 전 삼성생명FC 일을 하고자 한다고 했을 때, 남편이 과격하게 반대했다. 결국 삼성생명FC 일을 그만 두고 남편의 뜻대로 한걸음 뒤로 하고 양보하기로 했다. 그러나 나의 계획과 달리 일어난 일들에 스트레스를 받아, 당시 혈압이 급상승하고 머리가 너무 아프고 온몸이 떨렸다. 그때 내 마음을 잠잠하게 하도록 필사를 하고 싶어졌다. 나는 필사를 하면서 억울하고 눌렸던 마음들이 차차 수그러지는 것을 느꼈다. 얼마 후에는 마음에 고요함과 평안이 찾아왔다.

나에게 필사는 그냥 단순한 필사가 아니다. 나의 감정을 조절할 수 있는 통로이다. 기쁘거나 슬프거나 화가 나거나 모든 어려운 감정들을 필사로 조절한다.

오로지 필사에만 집중할 수 있는 그 시간이 너무 행복하다. 마치 내가 필사를 하기 위해 존재하는 것 같다. 좋은 책을 보면 필사를 하고 싶은 마음에 늘 가슴이 뛴다. 좋은 것을 많은 사람과 나누고 싶은 마음에서 시작된 필사는 항상 나를 만족하게 한다. 새벽에도 하는 필사이지만, 한낮에도 짬짬이 시간을 내서 필사를 한다. 이렇게 시간만 나면 필사를 하고 싶은 욕구가 늘 나를 자극한다.

최근에 시작된 『새벽 5시 필사 100일의 기적』 필사는 내가 완전히 빠질

만큼 내 가슴을 뛰게 한다. 첫 번째 필사는 손으로 꾹꾹 눌러쓰고 두 번째 필사는 타이핑한다. 이렇게 내용에 빠지면서 저자의 매력에도 더욱 빠지게 된다. 어느새 삶은 그들과 연결된다. 비록 의식이 땅 끝과 하늘 끝, 천지차이지만 그들을 삶의 목표로 삼은 이상 그들을 바라보면서 날마다 성장해나갈 것이다.

나는 목표를 향해 가고 있으므로 날마다 조금씩 모든 면에서 점점 더 좋아지고 있다. 가난한 의식에서 부자의 의식으로 마음을 바꾸니 그들의 생각이 조금씩 머리와 가슴에 들어온다.

나는 여전히 내 삶을 바꾸고자 하는 강력한 마음이 있다. 의식을 바꾸기 위해 의식 변화의 책을 사랑하고 활용한다. 삶을 가장 빨리 변화시킬 수 있는 책들이 의식 변화의 책이다. 의식을 새벽부터 끌어올리고 오늘도 원고 한 꼭지를 써 내려간다. 우리 한책협 작가님들은 어디에 있든 항상 본인이 쓰고 싶은 내용과 관련된 책과 의식 변화를 일으키는 책을 두 권 이상씩 가방에 넣고 다닌다. 원고를 쓰다가도 막힐 때 의식 변화의 책을 읽으면 영감이 생기고 그러면 다시 안정적으로 원고를 써 내려갈 수 있다.

앞으로도 의식 변화를 일으키며 바뀌는 삶을 주변의 사람들에게 공유하고 주변 사람들의 의식도 바꿀 것이다. 이제껏 별다른 변화 없이 살던 여러분의 의식이 발전하도록 동기 부여를 하고 싶다. 나의 의식과 삶이 바뀌어지듯이 주변의 수많은 사람 역시 그렇게 되도록 동기 부여를 하는 것이 나의 목적이다. 책을 쓰고 퍼스널 브랜딩하면서 오늘도 나는 필사를 한다.

나는 지금처럼 성장해가는 삶이 행복하다. 명확한 꿈과 목표가 있기 때문이다. 내가 알던 기존의 세상과 완전히 다른 새로운 세상이 있는 줄 알게 되었다. 새로운 세상에 새롭게 도전하는 나는 오늘도 가슴이 시키는 일을 하려고 애쓴다.

책을 읽고 책을 베껴 쓰면서 성장해나가며 책의 멋진 내용대로 살겠노라고 다짐한다. 나는 내가 책의 내용처럼 행복하기 바라고, 또한 책의 내용처럼 영적으로 성장하기 바란다. 작가의 삶은 나를 가슴 뛰게 한다.

날마다 뜨겁게 가슴이 뛰게 하는 일을 하기 위해 새벽에 일어난다. 의식을 변화시키는 필사를 한다. 지금 이 순간이 나의 삶을 더욱 풍요롭게 한다. 나도 행복하고 자유롭고 풍요를 누릴 자격이 있다. 다른 분들도 가슴이 시키는 일부터 시작하여 삶이 더 풍요로워지고 충만해지기를 바란다.

김태광의 『독설』에 이런 말이 나온다.

"아무리 힘든 일이 있어도 결코 당당한 태도를 잃어선 안 된다. 사람들에게 '나는 어떤 일이 있어도 포기하지 않겠다!'라고 선언하라. 상황이 어려울수록, 미래가 암울할수록 더욱 어깨를 펴고 당당한 태도를 취해야 한다. 성공에 대한 믿음과 확신만 있다면 상황은 얼마든지 극복할 수 있다. 하지만 초췌하고 지친 표정을 보인다면 성공은 요원해진다."

구체적인 목적을 세우고 필사 독서하라

지금 와서 나는 뼈아픈 과거를 가슴에 새긴다. 그렇게 살아왔기 때문에 지금의 현실이 나타났음을 이제는 안다. 나는 더이상 이전처럼 살지 않는다. 나는 꿈을 가슴에서 불태우고 있다.

모든 생각을 내가 하고 싶고 원하는 일에 집중한다. 날마다 목표를 세우고 그 목표를 이루기 위해서 우선순위를 선택한다. 목적 있는 삶을 살아간다. 계획적이고 열정으로 가득 찬 삶을 살아가고 있다. 성공한 1인 사업가의 삶은 나를 더이상 과거에 얽매여 있지 않게 했다. 꿈 없는 비참한 과거에서 벗어나서 마음껏 꿈을 꾸는 밝은 삶으로 도전한다.

"'나는 할 수 있다.' '나는 해낸다.' '나에게는 저력이 있다.' '나에게는 오직 진진뿐이다.' 이런 신념을 지니는 습관이 당신의 목표를 달성시킨다. 너의 길을 걸어가라. 사람들이 뭐라고 떠들든 내버려두어라."

─ A. 단테

"아무리 약한 사람이라도 단 하나의 목적에 자신의 온 힘을 집중하면 무엇인가 성취할 수 있으나 반면에 아무리 강한 사람이라도 그의 힘을 많은 목적에 분산하면 어떤 것이나 성취할 수 없다."

─ T. 칼라일

"반드시 하고자 하는 마음, 반드시 실현시켜 보이겠다는 자신력이 비로소 확실한 효력으로 인도되는 것이다. 우리가 세운 목적이 그른 것이라면 언제든지 실패할 것이요, 우리가 세운 목적이 옳은 것이면 언제든지 성공한 것이다."

─ 안창호

"우리가 어떤 목표 없이 인생을 허송세월한다면 그 인생은 물론 단 하루라도 인생의 존귀한 것도 모르고 말 것이다. 인생이란 실망보다도 성실히 사는 사람에게는 저절로 터득되는 것이다."

─ J. 러스킨

나는 이런 명언들을 참 좋아한다. 이런 명언을 필사하면서 동기 부여를 받는다. 목표를 세워놓고 목표를 향해 달려가면서 넘어질 때도 있고 주저앉고 싶을 때도 있다. 그럴 때마다 성공에 대한 목표에 대한 명언들을 보면서 마음과 생각을 다잡고 다시 일어난다. 또한 다른 사람에게도 동기 부여를 할 수 있기 때문에 필사를 한다.

필사를 하는 목적은 몇 가지 있다.

1. 나의 글쓰기 실력을 향상시키기 위해서
2. 책을 읽을 때 느끼는 나의 행복을 다른 사람들과 나누기 위해서
3. 필사를 자녀들에게 가르치기 위해서
4. 1인 창업의 기초를 다지기 위해서
5. 모든 스트레스를 날리기 위해서
6. 기대하는 사람들에게 보답하기 위해서
7. 나의 급한 성격을 차분히 하기 위해서
8. 좋은 내용을 오래기억하기 위해서
9. 나만의 장점을 살리기 위해서
10. 다른 사람에게 동기 부여를 하기 위해서

이렇게 10가지 목표를 이루기 위해서 새벽 필사를 한다. 새벽 필사는

나에게 넘치는 에너지를 주고 나에게 바른 선택을 할 수 있도록 이끌어 준다. 나에게 새벽 필사 시간은 너무나 소중하고 귀한 시간이다. 오로지 나만의 행복한 시간이다. 그 시간에 마음껏 행복을 누린다.

행복은 내가 선택하는 것이다. 그래서 없는 시간도 만들어가면서 행복한 시간을 창조한다. 나의 행복은 가정에 많은 영향을 준다. 나는 행복한 느낌으로 하루를 시작하기에 아이들도 더 예뻐 보이고 더 대견스러워 보이고, 최고의 남편을 주셨음을 감사한다.

행복 바이러스는 전염된다. 늘 행복하도록 좋은 기분을 만들어가고 좋은 감정을 가지도록 애쓴다. 나 한 사람이 주변에 주는 영향이 크다. 우리 가정은 내가 행복한 가정으로 만들어 간다. 모든 행복은 가정에 있음을 『행복하다고 외쳐라』에서 배운다. 행복을 가정에서 누리고 가정에서 만족할 때 최고의 쉼을 얻는다. 내가 힘들고 지칠 때 밖에서 쉼을 얻으려고 한다면 점점 더 지치고 더 힘든 상황들이 일어난다. 힘들수록 어려울수록 가정에 돌아와 다시 한번 감사하는 마음으로 품을 때 행복감이 생긴다. 파랑새를 좇아 멀리 가도 파랑새는 결국 나와 내 주변에 있다.

멀리멀리 가버리면 돌아오기 힘들다. 가정 밖에는 절대 행복이 없다. 내가 주체로서 나에게 맡겨주신 가정에 충성을 다할 때 행복해진다. 나는 가정에서 행복을 찾기 위해 지구별에 왔다. 이렇게 '행복한 가정'이 지구별에 온 목적임을 깨달을 때 감당하기 힘들다는 마음이 아니라 가정에서 일하는 시간이 행복하다는 마음으로 바뀐다. 행복하고 즐겁게 집안일을 할 때 나는 지치지 않았다. 가정이 짐이라고 생각될 때 지치고 무력감을 느꼈다. 모든 것은 생각의 한 끗 차이다. 나는 지금도 나를 행복하게 하는 것을 선택하고 행복하다고 생각한다. 기쁘고 즐겁게 나의 가정에 대하여, 또 내가 해야 하는 일에 대하여 긍정적인 면을 바라보려고 노력한다. 몸이 힘들 때도 있지만 긍정적인 생각은 긍정적인 행동을 낳고 다시 힘을 내게 한다.

『성경』누가복음 16장 10절에 이렇게 나온다.

"지극히 작은 것에 충성된 자는 큰 것에도 충성되고 지극히 작은 것에 불의한 자는 큰 것에도 불의하니라."

나에게 나 자신에 먼저 충성하고 나에게 맡겨진 가정에 충성하면 더 큰 것에도 충성할 수 있는 달란트를 주신다는 것을 안다. 가정은 작지만 제일 큰 것이다. 자꾸 가정 밖으로 뛰쳐나가면 죽도 밥도 되지 않는다. 가정에 집중하고 가정을 바로 세우고 가정에서 행복한 삶을 사는 것이 최대의 목표이다.

이 가정이 단단해질 때 나의 모든 뿌리는 건강하고 나는 좋은 열매를 맺는 나무가 된다. 잎만 무성하고 열매를 맺지 못했다는 것은 그 나무의 뿌리가 든든하게 박히지 못했다는 의미다. 그렇기에 나무는 곧 넘어지거나 잘리고 만다.

어떤 나무든 자기의 열매를 맺어야 한다. 사과나무는 사과를, 배나무는 배를 맺어야 한다. 사과나무에게 배를 맺으라고는 할 수 없다. 참나무에게 소나무가 되라고 할 수 없다. 오로지 자신이 갖고 있는 힘과 능력으로 자신을 차별화하는 것이다.

'나는 나일 뿐이다.'

다른 사람이 아닌 '나'로 살아갈 때 참 자아를 발견하고 그 '나'를 성장시켜나갈 수 있다.

오로지 나만의 개성으로 이 세상과 차별한다. 내가 살아 있는 자체가 나만의 개성을 가지고 태어났다는 의미다. 신께서 나에게 생명을 주신 데는 분명히 의도가 있다. 세상 어떤 것도 무의미한 것이 없다. 단지 우리가 그것을 알아보지 못할 뿐이다. 이제부터라도 자신의 내면에 있는 보석들을 찾고 그것을 갈고닦아 반짝반짝 빛나게 하면 된다.

나를 빛나게 하는 것은 많은 사람과 함께 필사하기를 좋아하는 것이다. 독서하기도 귀찮은데 어찌 필사를 하나 하지만 나는 필사하는 것이 재미있다. 필사는 나의 열정을 끌어올리고 나를 동기 부여하는 기본이다.

필사하는 나는 오늘도 행복하다.

좋아하는 장르부터 필사하라

나는 좋아하는 장르가 있다. 소설이나 시보다 자기계발서가 좋다. 자기계발서를 읽을 때 나는 가슴이 뜨거워진다. 그들이 했으니 나도 한다는 마음을 가지게 된다. 자기계발서 중에서도 의식을 변화시키고 영혼에 대해서 다루는 책들이 좋다. 나는 이런 책들을 읽으면서 나의 정체성을 선명하게 알아간다. 자신이 누구이고 자신이 왜 지구별에 왔는지를 알면 쉽게 낙담하지 않고 무기력에 빠지지 않으며 목표 없이 방황하지 않게 된다.

나는 초인, 외계인, 영혼, 꿈, 죽음 이후의 세상에 관심이 많다. 때문에 나는 그런 책들을 읽고 그런 책들을 필사한다. 나의 의식을 높이고 나의 생각을 뒤집는 책은 나를 빨리 성장할 수 있도록 한다. 그전의 고정관념을 버리고 새로운 사고의 방식으로 자신을 무상한다.

　나의 그릇이 한정되어 있다. 이미 인풋이 많이 된 상태에서 새로운 것을 받아 넣으려면 기존의 고정관념을 비워야 한다. 비울수록 더 많은 새로운 관념을 축적할 수 있다. 그릇의 10%만 비우면 새로운 것 10%가 채워지고, 그릇을 50% 비우면 새로운 것을 50% 채울 수 있으며, 그릇을 확 엎어서 다 비우면 100% 새로운 것으로 채울 수 있다. 그러면 새로운 의식 100%는 새로운 결과의 삶을 만들어간다. 고정관념을 얼마나 비우는가에 따라 우리 삶이 바뀌는 시간이 길고 짧다.

　나는 의식을 높일 수 있는 방면을 파고들어간다. 이 분야의 책을 계속 읽고 필사하면서 나의 의식이 높아져 무엇을 하든 다 성취감을 느낄 수가 있게 되었다. 낮은 의식은 성취감을 주지 못한다. 낮은 의식은 패배감만 준다. 삶을 변화시킬 수 없을뿐더러 삶을 좀먹는다. 늘 '나는 안 돼, 나는 바보야, 나는 뭐든지 잘할 수 있는 게 없어.' 하면서 결국 찌그러든 자신만 남게 된다. 마음속에서 폼나고 멋지고 행복한 삶을 원해도 의식이 이미 가난한 패배 의식에 싸여 있기에 폼나고 행복한 삶은 영원히 오지 않는다. 삶의 무게에 허덕이고 힘들다고 투정부리며 나중에는 신까지

욕한다. 왜 나를 이 세상에 살게 하고 아직도 나를 살려두는 거냐고 신을 원망한다.

그러나 우리는 결국 깨달아야 한다. 우리는 원망하고 불평하려고 이 지구에 온 것이 아니다. 행복하고 풍요롭고 기쁘고 즐거운 삶을 체험하기 위해서 이 지구에 왔다. 사랑을 체험하고 영적인 성장을 이루기 위해서 지구에 왔다. 그러므로 우리의 삶이 기쁘지 않고 즐겁지 않다면 우리는 의식을 의도적으로 바꾸어야 한다.

『유인력의 끌어당김의 법칙』 중에 이런 말이 있다.

"당신이 어떤 하나의 생각을 선택하면, '끌어당김의 법칙'은 그것에 반응해서 그와 비슷한 더 많은 생각을 끌어당겨서 그 생각을 더욱 강력해지도록 만들 것입니다."

우리가 긍정적인 생각을 하면 긍정적인 것들을 끌어당기고 우리가 부정적인 생각을 하면 부정적인 것을 끌어당긴다. 때문에 마음이 무기력해질 때 긍정적인 것을 선택해야 한다. 그냥 무기력하게 놔두면 더 많이 힘들고 더 지친다. 긍정과 부정의 스위치는 자신이 조절해야 한다. 누가 내 삶의 스위치를 켜줄 수 없다.

"자신이 하고 있는 생각들과 자신이 행하는 것들, 그리고 함께 시간을 보낼 사람들에 대해서는 의도적으로 선택하게 될 때 당신은 '끌어당김의 법칙'으로 인한 이로움과 혜택을 느끼게 될 것입니다. 당신을 존중하거나 감사하고 있는 사람들과 함께 있으면, 당신 역시도 감사한 마음이 일어나도록 자극을 받게 됩니다. 반면 당신의 결점을 바라보는 사람들과 함께 있게 될 경우엔, 그들의 그런 관점이나 인식이 당신의 '끌어당김 자력'의 방향에 영향을 미치게 됩니다."

의식 변화에 초점을 맞추고 그 상태를 유지한다면 의식에 대한 주제의 '끌어당김의 힘'은 떠돌아다니는 상태에 있을 때보다 훨씬 더 강한 힘을 나타낸다. 때문에 항상 의식 변화를 일으키는 책을 집중적으로 읽고 그 외에 다른 마음 챙김이나 일상에 도움되는 책들을 읽는다.

작가가 된 나는 항상 두 권의 책을 가방에 넣고 다닌다. 한 권은 의식 변화를 위한 책이고 한 권은 관심 가는 분야의 책이다. 두 권을 번갈아가며 읽는다. 의식에 관한 책을 우선으로 하고, 자신을 계발할 수 있는 다른 책도 함께 읽으면서 균형을 지키도록 한다. 우리가 음식을 골고루 먹어야 되듯이 말이다. 일단 좋아하는 것부터 하되 다른 관심 분야도 한 분야씩 집중적으로 필사 독서를 한다. 한 분야씩 전문가의 수준이 되어간다. 평생 필사를 하고 평생 성장한다. 이것이 내가 바라는 것이다.

나는 다른 사람들에게도 독서를 하는 것에 대해 동기 부여를 하고 싶다. 내가 독서를 하고 삶이 바뀌듯이 그들도 독서를 하여 삶이 바뀌기를 바란다.

그러나 주변에 많은 사람이 책읽기를 너무 힘들어한다. 독서를 해야하는 것을 알지만 일과 삶에 지쳐서 독서는 1순위가 아닌 해도 그만 안해도 그만인 일이 되어 뒤로 밀려난다. 그러나 독서를 해본 사람들은 안다. 독서가 자신을 지혜롭게 하고 독서로 세상을 보는 관점이 바뀌고 있음을.

독서하기 힘든 사람에게 필사 독서를 권한다. 자신이 가장 좋아하는 장르부터 골라서 필사하라. 필사는 독서를 할 수 있도록 이끌어간다. 마음에 각오를 가지고 필사를 하면 독서를 하는 것을 끊을 수 없다. 필사를 할수록 독서 습관이 더 단단해진다.

필사는 열정을 불러일으킨다. 필사는 감정을 담는다. 온몸으로 하는 필사는 독서하기 딱 좋은 방법이다.

나는 필사를 좋아한다. 필사는 나에게 에너지 근원이다. 새롭게 시작하는 마음을 준다. 혹시라도 중간에 하루 이틀 필사를 하지 못해도 다시 시작할 용기를 준다. 굳센 의지를 준다. 마음에 자유를 준다.

『성경』 요한복음 3장 7절에 "내가 네게 거듭나야 하겠다 하는 말을 놀랍게 여기지 말라."라는 말씀이 있다.

거듭나야 한다는 말은 의식을 새롭게 하라는 뜻이다. 당장 눈앞의 것만 보고 보이지 않는 미래를 보지 못하고 모든 것은 '죽으면 끝이다.'라고 믿는 사람이 되지 말라고 한다. 우리의 의식에 따라 모든 것이 변화된다. 눈에 보이는 고정관념을 버리고 보이지 않는 더 넓은 세상과 우주를 향하여 새로운 눈을 돌려야 한다. "새 포도주는 새 부대에."라는 말씀도 있다. 낡은 의식으로는 원하는 삶을 살아갈 수 없다. 이때까지 살아가면서 삶이 바뀌지 않았고, 원하는 삶을 살아가지 못했다면 의식부터 바꿔야 한다. 자신을 한계 짓는 의식을 버리고 자신을 무엇이든 할 수 있는 위대한 존재로 인정하고 각인시켜야 한다.

우리는 결코 하찮은 존재가 아니다. 우리는 우주에서 최고 중 최고인 존재다. 한 사람 한 사람이 소중한 존재이고 다 각자의 체험을 위하여 이 지구에 왔다. 각자 자신의 삶에서 주인공이고 다른 사람은 조연이다. 누구나 마찬가지다. 내가 주연인 삶을 살고 내가 원하는 기쁘고 즐겁고 행복한 삶을 사는 것이 신의 바람이다.

우리는 신과 하나 될 때 더 행복하다. 신과 분리되고 있을 때 우리는 죄 중에 있고 행복하지 못하다. 기쁘고 즐겁고 사랑스럽고 풍요롭고 만족스러운 인생을 살려고 하면 먼저 자신의 낡은 의식을 뒤집어야 한다. 마치 어두운 방에 스위치를 켜서 밝게 하듯이 동전 양면을 뒤집는 것처럼 고정의식을 확 바꾸기로 해야 한다.

4 - 6

필요한 부분만 먼저 읽고 필사하라

시중에는 많은 독서법에 관한 책들이 있다. 나에게 맞는 독서법은 핵심 독서법과 메모 독서법과 목차 독서법이다. 항상 많은 책을 읽어야 하고 많은 새로운 정보를 읽어야 하는 작가로서 아무리 좋은 의식에 관한 책이라도 한 권에만 연연해서는 안 된다. 누구보다 많은 책을 읽어야 하는 작가의 입장이니 한 권이라도 더 읽을 수 있다면 최대한 더 많이 읽어야 한다.

때문에 먼저 목차를 보면서 나를 자극하고 궁금증을 일으켜내는 부분과 꼭 필요한 부분만 읽으면서 독서를 하고 필사를 시작한다. 나의 관심은 당연히 나를 자극하는 부분에 끌리고 있다. 관심이 가고 감정이 가고 손으로 필사를 하면 그 부분은 이미 내 기억에 들어와 있다.

『팔지 마라 사게 하라』를 읽으면서 눈에 꽂히는 한 문장이 있었다.

"강력한 하나의 문구나 콘셉트만 인지할 뿐이다. 그래서 광고 환경에서는 '하나의 목소리로 하나의 메시지를 단순하게 전달하는 것(One single message with one voice)을 매우 중요하게 생각한다. 볼록렌즈가 하나의 초점으로 열과 빛을 모아 화력을 내듯 모든 소구점을 한 곳에 모으는 단순하고도 강력한 메시지만 위력을 낼 수 있다."

이 문장을 읽으면서 나는 필사를 하는 것이 나의 소리를 내는 것이라고 생각했다. 내가 다른 사람보다 조금 더 잘할 수 있는 것이 필사다. 나의 목소리를 잘 낼 수 있는 것이 필사다. 필사는 내 평생의 습관이 된다. 오직 필사 독서, 메모를 하면서 나는 나의 방식대로 성장해나간다.

나만의 감정을 가지고 나만의 방법을 가지고 독서를 한다. 필사에만 집중하다 보면 어느새 원고도 써나갈 수 있다. 모든 성신은 내가 원히는 곳에 집중한다. 원하지 않는 것은 입에 담지도 생각하지도 않는다. 오로지 내가 원하는 것은 독서를 하고 책을 쓰고 나의 지혜를 다른 사람들에게 알려주는 메신저의 삶을 살아가는 것이다. 기쁘고 즐겁고 아름다운 것들을 추구한다. 나는 오로지 이 목표를 위해 노력하고 결국 목표에 도달할 것이다.

비록 지금은 직장인이지만 모든 것을 작가의 관점에서 바라본다. 모든 것을 글을 쓸 소재로 보고 자료를 수집한다. 그렇게 나아가다 보면 내가 원하는 삶에 도달할 것이다. 그것이 성공이라고 본다.

목마른 놈이 우물 판다고, 나는 항상 자아를 찾는 데 목마르기에 자아를 찾는 일에 열정을 쏟아 붓는다. 이렇게 자신의 정체를 알고 살아갈 때 자존감이 점차 회복될 수 있다. 자아를 알고 나를 먼저 수용하고 인정하고 칭찬하고 사랑한 후에 그 사랑과 인정이 흘러 넘쳐나게 해야 한다.

내가 누구인지, 왜 살아가는지, 무엇을 위해 살아가는지, 지금 어떤 위치에 있는지 모른다면 미래를 볼 수도 없고 꿈꿀 수도 없다. '자기를 알고 남을 알면 백전백승한다'는 손자병법의 말도 이때에 쓰인다. 먼저 '나'를 찾는 것이 우선이다.

지금은 3차원에서 4차원으로 진입하는 시기다. 혼돈 속에서 정체성을 모른 채 방황하며 어떻게 살아가야 할지를 몰라서 삶에서 도망가고 싶었던 나처럼 방황하는 사람들이 많다. 20대부터 40대, 50대, 그보다 나이 많은 세대들도 어떻게 살아가야 하는지 잘 모른다. 앞이 캄캄하여 길이 보이지 않는다고 한다.

이런 사람들에게 적극적으로 말하고 싶다. 인생은 그냥 살아가는 것이 아니다. 지금 방황하면 미래에는 아무것도 이루어진 것이 없을 것이다. 미래에 가서 또 아무것도 없으니 방황할 것인가? 그러면 지금과 같은 혼돈의 삶을 계속 살아가게 될 것이다.

의식 확장과 관련된 책을 읽다 보면 우리가 하나의 빛나는 영혼임을 알 수 있다. 우리가 영혼임을 인정할 때 우리 깊은 곳에 내재된 무한한 힘과 능력, 지혜가 있음을 알 수 있다. 영혼은 하나님의 일부이다. 예수님처럼 '내가 하나님의 아들이다'를 스스로 인정해 '하나님의 아들'이 되고 놀라운 하나님의 능력을 창조해낼 수 있다. 스스로가 하찮은 존재라고 생각할 때 우리는 한낱 메뚜기에 불과하다. 아무런 힘도 가지지 못하고 스스로 제약하여 지은 한계가 '나'를 짓누른다.

우리는 '우리가 아무렇지도 않은 존재', '아무것도 아닌 존재'가 이념을 인정해야 한다. 누구나 영혼이기에 내면 깊은 곳에 거대한 능력자가 있다. 단지 잠들어 있다는 것이다. 이 거대한 능력자를 깨울 때 우리의 삶은 더 커지고, 삶의 그릇이 커짐에 따라 더 많은 것을 수용하고 더 많은 것들을 창조해낼 수 있다.

'잠자는 거인을 깨우라.'

그리고 거인의 어깨 위에 서서 세상을 바라보라.

"'보편 세계의 힘'또는 '하나님의 힘'이라고 부르는 힘은 아버지께서 그의 자녀들이 쓸 수 있도록 제공해주시는 것입니다. 우리는 이 힘을 사용하여 아무런 연료도 소모시키지 않고 기계나 도구나 자동차와 같은 운송 수단을 움직이게 할 수 있으며, 빛이나 열도 발산시킬 수 있습니다. 이 힘은 어디에나 존재하고 있어서 누구나 사용할 수 있으며, 이 힘을 사용하는 데에는 돈이 들지 않습니다."

『초인생활』 중 초인이 말씀하는 이야기다. 그 힘은 어디에서나 존재하고 누구나 사용할 수 있다고 한다. 돈이 드는 것도 아니란다. 오직 우리가 하나님의 자녀임을 인정하고 하나님과 연결되어 있다고 인정할 때 우리는 그 힘을 누릴 수 있다. 우리가 영적인 존재임을 인정하고 영적인 상승을 이루기 위해 시간과 노력을 한다면 우리는 그 누구보다 빨리 성장할 수 있을 것이다.

"성공은 자연 연소의 결과가 아니다. 먼저 자기 자신에게 불을 지펴야 한다."

— 레기 리치

나는 새벽 필사로 하루를 시작한다. 책 속의 필요한 내용들을 필사한다. 시간만 나면 책을 읽으면서 마음에 와닿는 구절들을 필사한다. 필사로 내 가슴을 불태운다. 자신에게 불을 붙여 날마다 나의 목표를 확인하고 무의식에 각인시킨다. 무의식과 잠재의식은 나를 위해 어느 한순간 내가 원하는 것을 창조해낸다. 항상 기회가 오면 기회를 잡을 수 있도록 준비한다. 그래야 기회가 오자마자 기회인 줄 알고 쉽게 손을 뻗어 잡을 수 있다. 기회는 아무도 기회인 줄 모르게 온다. 많은 사람은 기회가 와도 기회인 줄 모르고 흘려보낸다. 그러나 미리 준비된 사람은 스쳐 지나가는 기회를 잡고 성공을 이루어간다.

날마다 성공하는 작은 습관들을 우습게 여기지 마라. 작은 습관으로부터 시작해서 이룬 작은 성공이 쌓여 큰 성공을 이룬다. 그러므로 오늘도 주어진 하루에 최선을 다하는 습관을 가지고 하루를 충만하게 보내자.

책을 읽으면서 나에게 유익하고 도움이 되는 한 문단씩 골라서 필사를 하면서 점점 더 필사하기에 애쓰게 된다. 필사하는 것이 나의 삶에 앞으로 나아갈 길들을 다져준다. 작가의 타이틀을 달고 앞으로 어린이들을 대상으로 글쓰기 교실이나 독서 지도를 하는 방향으로 나아가고자 한다. 그것을 위해 차근차근 준비해나간다. 날마다 자신의 한계를 극복하면서 날마다 나의 방법으로 성장해간다.

　성장을 도모해야 한다. 변화를 원하지 않고 주어진 환경에 안주하다 보면 삶이 점점 더 어려워지면서 자신이 원하는 삶과 점점 멀어져가게 될 것이다. 필사를 하면서 의식을 바꾸고 생각을 바꾸고 말과 행동을 바꾸어서 원하는 것에 집중하면서 사는 삶은 최종적으로 나를 원하는 삶으로 인도할 것이고, 결국 내가 원하는 삶은 아름다운 현실로 나타날 것이다.

　'나는 매일 조금씩 모든 면에서 좋아지고 있다.'
　'나는 매일 조금씩 성공하고 있다.'

　오늘도 나 자신에게 암시한다.

4 - 7

새벽에 필사하기 위해 벌떡 일어나라

당신은 무엇을 위하여 새벽에 벌떡 일어나본 경험이 있는가? 아이들도 자기들이 무언가를 해야 하면 정해진 시간에 알람을 맞추고 그 시간에 벌떡 일어난다. 요즘 큰아이는 새벽 5시 30분에 종종 일어난다. 왜 일찍 일어나냐고 물으면 뭔가를 할 게 있다고 한다. 아이들도 어릴 때는 항상 일찍 자고 일찍 일어나는 아침형 인간이었다. 코로나로 인해 아이들의 생활습관이 바뀌기는 해도 그전에 일찍 일어나던 습관이 아직 몸에 배어 있는 것 같다. 큰아이를 보면 다소 안심이 된다.

새벽형 인간은 새벽에 벌떡 일어난다. 그들에게는 새벽 기상이 이미 습관화되었다. 그들은 목적의식이 분명하며 그 목적을 위하여 하루하루 계획적으로 시간관리를 해간다. 이미 새벽의 소중함과 하루를 2배로 사용하는 법을 알기에, 아무도 방해하지 않는 새벽에 자신의 목표를 이루기 위하여 무엇인가 하고 있다. 책을 읽기 시작하면서 SNS에 많은 사람이 새벽시간을 정해놓고 독서를 하고 있음을 알게 되었다. 직장에 다니면서도 자기 자신을 계발하기 위해 새벽부터 애쓴다.

나도 새벽 필사를 하기 위해 벌떡 일어난다. 눈을 완전히 뜨기 전, 자존감을 높이고 정체성을 확인시키는 자기 암시를 한다. '나는 하나님의 딸이다.' '나는 우주 최고다.' '나는 할 수 있다.' '나는 천재작가다.' 등으로 자기 암시를 하고 벌떡 자리에서 일어난다. 나의 자기계발은 필사를 통해 이루어진다. 하루 아침에 원고지 2장 반에서 3장 정도 되는 분량의 책들 3가지 정도 필사를 한다. 이렇게 필사를 하고 SNS에 공유하고 댓글 달아주는 것이 내가 해야 하는 일이다. 새벽 필사 2.5시간에 퇴근 후 댓글을 다는 것은 나의 SNS 계정을 키워나가는 길이다. 나는 나의 SNS 계정을 키우고 많은 사람과 소통하면서 좋은 정보들을 공유한다. 그러면서 조금씩 성장해나간다.

의식 변화에 관한 『부와 행운을 끌어당기는 우주의 법칙』책을 필사하면서 나는 우주의 법칙과 끌어당김의 법칙, 하나님의 법칙을 배운다. 이런 법칙을 나의 삶에 이용하고 활용할 때 다른 사람보다 쉽게 나의 삶을 바꿀 수 있다. 늘 긍정적인 마음으로 새로운 하루하루를 도전해나간다.

어릴 때 불 아궁이에 불을 붙여봤다. 불이 붙은 줄 알고 풀무로 바람을 넣어주지 않으면 불이 점점 죽어갔다. 어느 정도는 바람을 불어넣어줘야 불씨가 온전히 불이 되어 장작들을 태운다. 풀무질을 충분히 하지 않고 중간에 멈추면 꺼진다. 마찬가지로 열정의 불도 계속적으로 붙여줘야 더 큰 열정을 불러일으킨다. 열정으로 가득한 삶은 피곤하지 않고 오히려 충만하다.

필사를 하면서 나는 항상 행복하고 기분이 좋다. 좋은 기분을 유지하기 위해서 더 필사를 하고자 한다. 필사를 할수록 마음에 충만한 열정이 찬다. 기쁘고 즐거운 것은 잠깐 있었다가 잊힌다. 그러나 슬프고 아프고 불행하다는 것들은 우리를 오랫동안 붙잡고 그 과거에서 헤어나오지 못하게 한다. 늘 자신만 피해자이고 자신만 불행하다고 생각한다. 이제는 이런 사실에 연연하지 않는다. 내가 연연할수록 나의 미래는 과거에 만들어낸 현실처럼 두렵고 불안하고 불행하기 때문이다. 그래서 나는 나의 생각을 과감히 뒤집고자 한다.

기쁘고 즐겁고 행복하게 사는 것이 이 세상에 온 목적이다. 나는 행복하고 기쁘고 즐겁고 더 멋진 삶을 살아가는 나를 생각하고 그 상태에 머물러 있기를 원한다. 늘 의식 속에 각인시키며 지금의 힘든 삶을 이기고 견뎌나간다. 나에게는 희망이 있다. 미래가 더이상 암울하지 않고 장밋빛으로 물든다.

내가 늘 하는 말이 있다. 그전에 나의 삶은 아무 색깔도 없었지만 지금 나의 삶은 여러 가지 색깔이 보인다는 것이다. 푸른 하늘도 보이고 빨갛고 노랗고 흰 꽃도 보이고 산과 들의 초록색도 보이고…. 삶이 더 다채로워졌다.

나는 지금 나의 삶이 행복하다고 믿는다. 이제 가정도 보이고 남편도 자녀도 보인다. 나의 자리를 굳건히 지켜나갈 때 더 행복함을 안다. 사람들의 최종 목적은 행복이다. 모두 그 행복을 위해서 바쁘게 살아간다.

직장에 다니는 많은 사람은 다니는 직장에 열심히 바쁘게 다닌다. 자기계발은 없다. 그냥 직장에서 일하는 동안 월급을 받으면서 그 일 아니면 못 산다는 의식을 가지고 있다. 그러나 직장에서 더이상 나오지 말라고 하거나 어떤 일로 인하여 직장을 다니지 못할 때부터 문제가 된다. 그러므로 자기계발도 직장을 다닐 때 하면서 직장 다니지 못하는 시기를 대비해놓아야 한다.

나는 자기계발의 끝판왕인 책 쓰기와 강연, 코칭하는 삶을 살아가기 위하여 작가라는 꿈을 꾸고 있다. 매일 더 멋지게 성장하는 작가를 꿈꾸면서 필사를 해간다. 새벽에도 역시 그 꿈을 꾸고 있다. 작가로서 해야 할 것들이 너무 많다. 형편상 생계를 위해서 직장에 가야 하지만 직장 다니면서 나의 꿈, 작가로서 성공한 1인 창업의 꿈을 붙잡고 날마다 새벽에 벌떡 일어난다.

새벽 기상은 언제나 힘들다. 조금 힘들다고 '조금만 있다가' 하는 순간에 시간은 30분씩 금방 지나간다. 자신을 합리화하고 핑계를 대는 순간부터 내가 주도하던 삶에서 벗어나기 시작한다. 나중에는 30분 늦어지는 것이 아니라 1시간, 2시간도 늦어진다. 그러면 점차 새벽 기상도 자기계발도 독서도 하지 않게 된다. 핑계와 자기 합리화는 날마다 퇴보를 하게 만든다. 그러므로 조금 힘들다고 해도 새벽에 벌떡 일어나야 한다. 몸이 좀 피곤하고 힘이 든다면 2~3일은 저녁에 일찍 자주고 낮에도 낮잠 20~30분씩 자주면 체력이 보충된다.

새벽 기상이 습관된 나도 슬럼프 올 때가 있고 정말 일어나기 싫을 때도 있지만 의도적으로 자신을 다그친다. 그동안 쌓아온 좋은 습관들이 핑계와 자기 합리화로 사라질까 봐 두렵다. 삶을 바꾸려고 애써왔던 그동안의 노력이 물거품이 되는 것도 싫다.

힘들어도 막상 일어나서 필사를 하면 마음의 피로감도 없어지고 다시 에너지를 충전받는다. 행동을 할 때 염려가 사라지고 두려움이 사라진다. 새벽부터 필사를 하면서 그 행복한 기분에 심취되어 하루의 행복한 씨앗을 뿌린다. 행복한 씨앗은 때가 되면 큰 나무가 되고 행복한 열매를 맺는다.

어떤 사람이 길을 가면서 꽃 씨앗을 뿌리면서 다니면 언젠가는 그가 다니는 길가에 예쁜 꽃들이 피어 있을 것이다. 그가 수고로움을 뒤로하고 앞으로 필 꽃들을 생각하며 씨앗을 뿌리기에 나중에는 수많은 사람이 기뻐하고 좋아하는 꽃길이 생긴다. 그가 씨앗을 뿌리는데 '꽃이 피지 않으면 어쩌지?' 하는 생각을 한다면 아예 씨앗도 뿌리지 않을 것이다. 꽃이 피지 않을 것을 미리 걱정하고 염려한다면 행동을 해나갈 수 없다.

『성경』 마태복음에 "너희 중에 누가 염려함으로 그 키를 한자라도 더할 수 있겠느냐."라는 말씀이 있다. 예수님이 하신 말씀이다. 우리가 염려할수록 그 일들은 우주의 법칙에 따라 일어난다. 그러므로 염려 대신 아름다운 미래에 대한 믿음과 감사함으로 지금 이 순간에 꿈을 이루기 위한 행동을 해야 한다.

새벽 기상을 하고 싶으나 제대로 되지 않는 사람들에게 꼭 하고 싶은 말이 있다. 꿈과 목표를 이루려면 자신의 의도적인 노력이 있어야 한다는 것이다. 핑계와 자기 합리화는 이제 그만 하자. 꿈과 목표를 이루겠다는 의도적인 행동을 해야 새벽 기상도 성공할 수 있다. 의도적인 행동으로 지금 현재를 충실히 살아가면서 새벽 기상이라는 작은 성취감을 느끼기를 바란다.

꾸준한 새벽 기상을 성공하면 삶은 분명히 바뀔 것이다. 미래의 더 멋진 삶을 하루하루 살아 내기에 미래에는 꿈꾸고 원하는 것이 이루어져 있을 것이다. 작은 성취감이 쌓여서 큰 성공을 이루어간다.

잠자기 전에 10분간 필사를 하라

스마트폰이 점점 빨라지고 TV프로그램이 다채로워지고 볼거리들이 넘쳐나는 지금, 당신은 잠자기 전에 무엇을 하는가?

나는 필사가 내 삶의 많은 부분에 영향을 주는 만큼 잠자기 10분 전에도 필사를 한다. 이때는 내용이 짧으면서 유익한, 10분 내에 마무리할 수 있는 책들을 필사한다. 『새벽 5시 필사 100일의 기적』 같은 책들은 하루한 분량씩 100일 동안 꾸준히 할 수 있는 필사책이다. 날마다 소량의 분량을 필사하면서 작가의 마인드와 자수성한 성공가의 마인드를 배우는 좋은 책이다.

나는 작가가 되기로 마음먹었다. 요즘 대부분 사람들은 다 대졸이나
그 이상의 학력을 가진다. 그러나 나는 고졸이다. 이런 내가 작가가 되려
면 다른 사람보다 더 많은 노력을 기울여야 한다. 따라서 나는 필사를 해
도 많은 양을 필사한다. 내 이름으로 된 책이 나온 것은 오로지 필사를
한 덕분이다. 끊임없이, 새벽부터 저녁까지 시간 나면 틈틈이 필사를 한
다. 그렇게 항상 필사를 노력하고 있다. 필사는 나를 작가의 길로 이끌어
간 1등공신이다.

필사 전문가가 되고 싶다. 이지성 작가나 송숙희 작가, 조정래 작가 그
외에도 수많은 사람이 필사를 하면서 유명한 작가가 되었고 또 다산 역
시 필사를 하여 멋진『목민심서』를 남겼다.

나도 이들처럼 필사로 멋진 성공한 작가가 되고 싶다. 그래서 스스로
더 다그친다. 오로지 필사만이 나의 살 길이라고 말이다. 단순하고 무식
하고 지속적으로 필사를 하는 것이다. 다른 사람들이 뭐라고 하든지 상
관없다. 나의 인생은 오직 나만이 결정하는 것이기 때문이다.

중국에 이런 옛 속담이 있다. '우공이산(于公移山)', '철봉마성침(鐵棒磨成針).' 이 속담은 내가 어릴 때 배웠던 속담이다. 무슨 일이든지 지속적이고 꾸준히 하면 원하는 결과를 이룬다는 것이다. 내가 무엇을 심는가에 따라 그 결과가 나타나는 것이다. 나는 필사의 씨앗을 심고 때가 되면 필사의 결과물이 나올 것이다. 콩 심은 데 콩 나고 팥 심은데 팥 난다는 말도 있지 않은가.

많은 사람은 성공자들이 성공한 데는 행운이 따랐다고 한다. 그들의 노력과 과정은 보지 않고 오로지 결과만을 가지고 쉽게 이야기한다.

그러나 모든 성공자들은 자기 분야에서 다른 사람보다 훨씬 더 많은 노력을 기울였고 성공을 위해 자신을 준비해왔다. 그들의 그런 노력으로 기회가 왔을 때 기회를 잡아 성공한 것이다. 준비하지 않으면 기회가 와도 기회인줄 모르고 기회를 놓쳐버린다.

항상 자신을 갈고닦는 자만이 기회가 기회인 줄을 알고 잡을 수 있다.

항상 필사를 하면서 앞으로 미래에 멋진 베스트셀러 작가가 되는 꿈을 꾼다. 늘 나의 잠재의식에 베스트셀러 작가가 되는 모습을 그리고 있다.

그래서 지금은 그냥 필사가 좋아서 하는 필사고 필사로 조금이라도 나누기 위하여 필사를 하지만 계속적이고 꾸준한 필사는 기필코 멋진 베스트셀러 작가로 거듭나게 할 것이다. 나는 상상하고 그리고 있기 때문이다. 무엇이든 내가 생생하게 상상하면 이루어진다. 나는 끌어당김의 법칙과 우주의 법칙으로 베스트셀러 작가가 될 것이다.

작가가 되는 과정에 많은 시련이 있을 줄로 안다. 어떤 길일지 모른다. 그때 가서 시련에 주저앉지 않도록 지금부터 시련을 이겨내는 작은 습관들을 길러야 한다.

내가 처음 『나의 삶을 바꾸는 필사 독서법』을 집필할 때만 봐도 그렇다. 처음에 직장 다니면서 하루 한 꼭지씩 써 내려가는 것이 나에게는 엄청난 동기 부여를 주었다.

그러나 언제부터인가 새벽에 일어나 피곤하다고 미루고, 원고 쓰다가 잘 안 써진다고 미루고, 내일 또 하면 되지 하는 생각으로 원고 쓰기를 미루기 시작했다. 핑계를 대면서 계획했던 '하루 한 꼭지'가 점점 밀렸다.

어떤 때는 3일에 한 꼭지를 쓰고 어떤 때는 4일에 한 꼭지 쓸 때도 있었다. 이렇게 원고 쓰는 기간이 길어지자 마음에는 자꾸 나를 낮추려는 핑계, 스스로를 한계 짓는 일들이 일어나기 시작했다. 의식이 떨어지고 생각이 둔해지면서 시련이 오는 것이다. 스스로 자기 합리화를 하고 핑계를 대고….

이렇게 하다가는 원고를 다 완성할 수 없겠다는 불안한 마음이 들기 시작했다. 다시 헤이해진 나를 다독이면서 의식을 끌어올렸다. '나는 할 수 있다, 나는 천재 작가다, 나는 베스트셀러 작가다.'라고 이렇게 자기 암시를 하면서 다시 불을 붙인다.

아무리 생각해도 영감이 떠오르지 않을 때가 있다. 그래도 나는 '할 수 있다!'라고 외치면서 키보드를 두드린다. 나를 불안하게 만들고 나를 부정으로 끌어내리는 작은 생각 하나하나를 그냥 내버려두면 나중에는 부정적 도가니에 빠져버리게 된다.

나를 좀먹는 부정적인 작은 생각을 버리고 긍정의 스위치를 켠다. 작은 사소한 부정적 생각이 나를 지배하지 못하도록, 바로 생각을 뒤집는다. 어두운 방에 전원 스위치를 켜면 단번에 밝아지는 것이 좋듯이 말이다.

작은 부정적 습관 때문에 이때까지 쌓아온 긍정의 좋은 습관을 망칠까 봐 두렵다. 작은 것으로 인하여 일을 망칠 때도 있으니 말이다. 반대로 모든 작은 일에 최선을 다하고 맡은 일을 충실하게 할 때 작은 성취감이 쌓여서 큰 성공을 이룬다.

어떤 자기계발서에서 아침에 일어나 이부자리 깨끗하게 정리하는 것부터 시작하라고 했다. 침대에서 벗어날 때 이부자리 정리정돈하는 작은 습관으로 성취감을 느낄 수 있다고 한다. 퇴근하고 깨끗한 침대를 보면서 작은 성취감을 느끼며 날마다 성장하여 더 큰 성공을 맛볼수 있다.

또 TED에서는 주어진 강연 시간에 신발 끈 잘 묶는 방법으로 강연한 50대 사람도 있다. '신발 끈은 누구나 다 묶을 수 있지 않나?' 하던 사람들도 그의 강연을 보고 아낌없는 박수를 준다.

이렇게 작은 것 하나하나가 중요하다. 개미구멍으로 큰 댐이 무너질 수 있다. 사람들이 무심코 던진 돌에 개구리는 맞아죽는다. 나비의 날갯짓 하나만으로도 어마어마한 태풍이 만들어진다. 작은 불씨 하나가 많은 면적의 삼림과 집을 공장을 불태운다.

반대로 작은 성공의 씨앗을 가슴에 품으면 겨자씨가 큰 나무가 되듯이 우리가 가진 꿈의 씨앗도 나중에 멋진 열매를 맺는 꿈나무가 된다. 작은 것, 긍정적인 것이나 부정적인 것이나 모두 소홀히 해서는 안 된다.

작은 것에 충성하는 자에게 큰 것을 맡겨주신다. 『성경』에도 있는 말씀이다. 집을 정리정돈하고 깨끗이 하고 아이들과 가정을 잘 챙기는 일은 그 어떤 성과가 있다고 말하기에는 너무 사소하다. 집안일은 해도 해도 끝이 없고 표가 나지 않는다. 그래도 살림을 잘하고 아이들을 잘 돌보는 것이 엄마로서 마땅히 해야 할 일이다. 재테크도 작은 돈으로 시작하고 연습하고 경험을 쌓고 절약도 작은 100원짜리 동전을 소중히 여기는 데 부터 시작한다.

작은 것에 충성하자. 큰 성공을 이루는 디딤돌이 된다.

"집은 움직이기 위해서 작은 돌을 움직이는 것부터 시작된다."
— 공자

사회를 멋지게 변화시키려면 나부터 멋지게 변화하고 내 가정, 내 이웃의 변화를 가져다주어야 한다. 행복도 마찬가지다. 내가 행복하고 즐겁고 기뻐야 가정이 행복하고 자녀와 남편이 행복해지고 우리 가정이 행복하므로 이웃을 행복하게 대할 수 있다.

나는 지금도 필사를 하면서 작은 행복을 누린다. 멋진 베스트셀러 작가가 되려는 작은 몸부림, 바로 필사다.

필사의 기적,
쓰면 이루어진다

편지와 기적, 쓰면 이루어진다

직장에서는 분기, 한 달 또는 일주일의 목표를 화이트보드에 표시해둔
다. 어떤 중요한 날짜나 중요한 일들을 보통 기록한다. 사람들이 일일이
다 기억하지 못하기 때문이다. 혹시 그 문제를 잊었다고 해도 기록으로
남긴 것들을 보면서 중요한 일들을 순서대로 해나갈 수 있다. 기록하지
않으면 언제 무슨 일을 해나가야 할지 알 수 없다. 기록을 통해 앞으로의
일들을 계획하고 목표를 세우고 목적한 일들을 이루어나간다.

삶에서 늘 상처받은 것만 오래 남고 행복은 별로 없는 것처럼 느껴질
때가 많았다. 행복도 있었지만 그 순간이 잘 기억나지 않았다. 늘 불행한

것만 오래 기억되어 그 속에 빠져 헤어 나오지 못할 때가 많다. 책을 쓰는 과정을 배우며 '작가의 삶은 기록의 삶'이라는 말을 가슴에 새긴다. 언제나 살아 있는 증거들을 남겨야 한다. 그래야 때가 되면 어떤 기쁜 일, 슬픈 일들이 있었는지를 알 수 있다.

순간순간의 감정을 기록하면서부터 살면서 행복한 순간이 불행한 순간보다 더 많았다는 것을 깨달을 수 있었다. 지금은 모든 것을 최대한 기록하려고 노력한다. 오늘은 어떤 책을 보았고 오늘은 어떤 일을 해냈고 오늘은 무슨 감정이 있었고. 이런 일상들을 블로그나 카페에 공유하고 저장해놓으면 나중에는 다 콘텐츠가 된다는 것을 깨달았다.

나는 『종이 위의 기적 쓰면 이루어진다』라는 책을 좋아한다. 이 책에 이런 구절들이 있다.

"목표를 기록했을 때 비로소 삶의 수레바퀴는 돌아가기 시작한다."

"목표를 달성하고 싶으면 그것을 기록하라. 목표 달성에 헌신하겠다는 마음으로 목표를 기록하라. 그러면 그 행동이 다른 곳에서의 움직임을 이끌어낼 것이다. 목표를 이루려면 일단 목표를 기록하라. 그러면 당신이 보낸 그 신호를 다른 곳에서 받아들일 것이다."

내가 바라고 원하는 것을 종이 위에 기록하면 그 기록들이 현실로 이루어진다. 진리를 깨닫게 하는 좋은 책이다. 항상 가까이 두고 보려는 책이다.

나는 책 쓰기를 배우며 '버킷리스트'라는 말을 처음 들었다. 많은 작가님들이 버킷리스트에 적은 많은 것들이 이루어지고 또 이루어지는 과정에 있다. '버킷리스트'가 상세하게 이루어지는 날짜까지 적으면 그대로 잘 이루어진다. 김도사님을 비롯한 많은 작가님들이 버킷리스트를 기록하고 이루어지는 것들을 지워나가는 삶을 산다. 그들은 버킷리스트의 내용들을 하나하나 이루고 작은 일이든 큰일이든 성취를 한다. 우리가 종이 위에 기록할 때 우주는 우리의 뜻을 끌어당기고 그것을 이루기 위해 모든 것을 준비하여 이루려고 한다.

나도 책의 많은 가슴 뛰는 문장들을 필사하고 그것을 내 것으로 만들려고 애쓴다. 그러면서 삶에 적용해나간다. 하루하루 삶에 작은 성장을 이루어간다. '나는 날마다 조금씩 모든 면에서 점점 더 좋아지고 있다.'라는 말이 현실로 이루어지는 것이다.

자신의 모든 감정을 노트에 기록하면 그 감정에서 헤어나는 방법도 배울 수 있다. 불평, 근심 걱정, 염려, 두려움, 슬픔 등 감정을 조절할 수 있다.

필사는 나를 행복 속에 머물게 한다. 날마다 행복해지는 방법을 배우고 행복을 어떻게 가져야 하는지를 무의식에 각인시키고 있다. 언젠가 무의식에서 나와서 나의 삶을 행복하게 만들 것이다. 꾸준한 필사를 하면서 삶의 목표를 굳게 하고 원하는 것들을 더 상세하게 무의식에 각인시킨다.

작은 습관 하나가 삶을 바꾸어간다. 나는 좋은 것을 생각하고 긍정적인 것을 상상하며 마음에 부정이 틈타지 못하도록 노력하고 애쓴다. 눈물 나고 한숨 나는 과거에 더이상 연연해서는 안 된다. 과거의 습관을 고치고 더 아름다운 미래를 만들어가기 위해 작은 습관 하나하나를 바꾸려고 한다. 나의 생각, 마음, 작은 게으른 습관, 핑계 대는 습관, 미루는 습관, 화를 내는 습관, 자기합리화 등의 습관들을 버리고 독서하며 좋은 내용을 필사하고 좋은 것들을 내 것으로 만들려고 애쓴다. 버릴 것은 버리고 새로운 습관으로 나의 그릇을 채워간다. 나의 그릇은 점점 성장해간다.

다산 정약용은 성공한 20년 동안 '나'를 잃었고 고난인 귀양지에서 '나'를 찾았다. 그는 귀양지에서 수많은 책을 집필하면서 잃어버린 '나'를 찾았다. '나'를 찾기 위해 집필한 것이 아니라 집필하면서 열중하니 '나'를 찾은 것이다. 인생은 잃어버린 자신을 찾을 때 행복하다.

주변에도 삶에 치여서 자신을 잃어버려 마음이 흔들리고 혼란스러워하는 사람들을 많이 볼 수 있다. 자신이 누구인지, 어디서 와서 어디로 가는지, 무엇을 위해 살아가는지, 사는 의미가 무엇인지…. 앞으로의 삶은 점점 더 혼돈스럽다.

　다산은 마음이 흔들릴 때마다 책상에 앉아 글을 썼다고 한다. 다산 정약용은 『소학』으로 돌아갔고 다음과 같이 말했다.

　"매일 새벽마다 마당을 쓸며 나를 찾았다."

　나는 매일 필사를 하면서 나를 찾아간다. 내가 원하는 행복을 알아갔다. 필사하는 작은 습관은 미래의 멋진 나를 만들어간다. 나는 마음이 흔들릴 때마다 필사를 하면서 나의 정체성을 분명히 하고 나의 꿈을 명확히 한다.

　요즘은 『다산의 마지막 습관』이란 책을 읽는다. 이 책으로 인하여 고전에 눈을 뜨기 시작했다. 고전은 인간 됨됨이를 바르게 하는 좋은 책들이어서 앞으로 탐독하고 싶은 분야이기도 하다. 눈을 떴으니 눈에 고전이 들어온다. 이 책에서 저자가 다산에 대해 깊은 연구를 하고 고전을 사랑하는 모습들을 볼 수 있어서 좋다. 마음에 깨달음이 되는 고전은 멋진 책이다. 이 책도 필사하고 싶은 욕구가 강렬하게 일어난다.

'일상의 사소한 것들이 모두 나의 스승이다'라는 챕터에 이런 내용이 나온다.

"얼굴빛이 안정돼 있으면 마음도 경건해지므로 아침에 일어나서 저녁에 잠들 때까지 옷매무새를 항상 단정히 하라. 아침저녁으로 배우고 익혀야 하며 마음을 작게 하고 공경하는 태도를 지녀야 한다. 이러한 마음가짐을 한결같이 유지하면서 조금도 나태해지지 않는 것을 '배움의 방법'이라고 한다."

— 『관자』, 〈제자직〉

한 구절 한 구절이 가슴에 와닿는다. 바른 마음을 가지기 위해 몸도 바르게 해야 하고 얼굴빛을 밝게 안정적으로 하며 아침부터 저녁까지 복장도 마음도 흐트러짐이 없이 하라는 교훈이 마음에 든다. 모든 작은 일에 흐트러짐이 없는 완벽함을 추구하기를 원한다. 작은 일 하나하나에 완벽해지도록 노력하다 보면 완벽한 결과를 만들어간다. 항상 작은 성취감을 이루는 습관이 쌓여서 큰 성공을 낳는다.

요즘 많은 사람이 행복과 마음가짐과 도덕 등 많은 면에 메말라 있는 것을 알 수 있다. 내가 읽으면서 행복한 것을 다른 많은 사람에게 공유하여 행복한 느낌을 주고 싶다. 필사는 항상 사랑의 마음을 가지고 한다. 필사를 하면서 항상 다른 사람에게 공유할 수 있는 것에 감사하는 마음이 생긴다. 날마다 감사하고 행복하다고 하는데 누가 말릴 수 있을까?

행복하게 만들어주는 순간을 가슴속 카메라에 담는다. 책을 쓰면서 바라보는 이 세상은 너무나 행복하고 아름답다. 내 눈에 아름다움이 보인다는 것은 내가 그만큼 성장했다는 것이다. 이전에 내가 보는 세상은 오직 회색뿐이었다. 그러나 지금은 무지개처럼 아름답다.

이 모든 것은 독서와 필사를 하면서 가치관이 변화된 결과다. 나는 오늘도 독서와 필사를 한다. 행복하기 위해서, 그리고 지혜를 얻기 위해서 느리지만 나만의 방식대로 삶을 바로 세워나간다. 내가 주체로서 이끌어가는 멋진 삶을 필사로부터 시작한다.

필사로 자기 수양하다

『부와 행운을 끌어당기는 우주의 법칙』은 너무나 좋은 책으로 내 마음
을 사로잡았다. 나는 김도사님의 스타일을 좋아한다. 처음으로 내가 독
서할 수 있도록 이끌어준 김도사님의 많은 책들, 나의 생각은 자연히 김
도사님의 의식으로 따라가고자 한다. 나의 삶의 방향을 정하는 데 아주
큰 영향을 끼쳤다.

"인생은 절대 계획대로 흘러가지 않는다. 기회를 잡는 것은 어떤 환경
이 아니라, 나의 생각과 마인드로 결정된다. 우선 주어지는 모든 일을 기
회로 받아들이고 도전해보자. 인생의 우선순위를 잘 정하면 된다. 세상

은 멀티 플레이어를 원한다. 한 가지만 잘해도 되는 세상은 구시대이다. 새로운 미래에는 다양하게 잘하는 인재를 원한다. 그런 사람은 기회를 기회로 받아들일 확률이 높다. 준비된 사람이 되는 것이다."

김도사님의 『내가 100억 부자가 된 7가지 비밀』을 읽고 나는 그의 삶을 알게 되었다. 젊었을 때 꿈을 위하여 힘들고 어려운 상황을 이겨내고 현재의 위치에 올랐다. 항상 그의 삶을 보면서 동기 부여를 받는다. 그렇게 고생스럽게 살다가 자수성가했기에 그의 말들은 더 믿음직하다. 자연적으로 김도사님은 나의 롤모델이 되어갔다. 그가 가난에서 탈출하고 자수성가했으니 나도 그의 방법으로 따라가면 지금보다 좀 더 나은 삶을 살아갈 수 있다는 확신이 선다. 그가 전하는 메시지를 받아들이고 나의 고정관념과 가난한 자아의식을 깨부순다. 날마다 가슴에 혁명을 일으킨다. 지금은 별 볼일 없는 삶이지만 기필코 반짝반짝 빛나는 삶으로 바꾸겠다고 갈구한다.

그의 많은 책들은 나의 가슴을 뜨겁게 뛰게 한다. 250여 권이나 집필하였으니 그 많은 책들이 얼마나 많은 사람에게 동기 부여가 될까? 얼마나 많은 사람이 새로운 삶을 살까? 나도 그처럼 선한 영향력을 가지고 싶다. 무기력하여 일어나지 못하는 사람에게 힘이 되고 싶다. 무기력한 사람들은 자극을 받고 스스로 깨달아서 의식을 변화시키고 고양시켜야 한다. 그래야 내면에 다시 일어설 수 있는 힘을 불러일으킬 수 있다. 자기가 자신을 돕지 않으면 누가 도와주는가?

우리가 걸음마를 배울 때 넘어지자마자 부모가 가서 바로 일으키지 않는다. 스스로 일어나라고 격려하고 아낌없이 칭찬하고 응원해준다. 이런 칭찬과 응원 속에서 스스로 걷는 연습을 하고 숙달되어, 기는 것보다 걷는 것이 더 좋아져서 걸어다니게 된다. 스스로의 내면을 바꿀 용기를 가져야 한다. 나에게 용기가 없으면 외부에서라도 용기를 받아야 한다. 책을 읽고 책을 쓰는 것이 바로 그 용기를 받고 키울 수 있는 길이다.

삶에 지치고 희망이 보이지 않고 무기력할 때 그런 상태의 자신을 그냥 놔두지 마라. 필사를 하면서 책을 읽어야 한다. 책을 읽으면 숨통이 트인다. 책 속에서 희망을 보고 꿈을 발견할 수 있다. 그러니 스스로 변화할 힘을 키워야 한다. 다른 방법이 없다. 다른 사람이 내 인생을 주장할 수는 없다. 오직 나만의 방법으로 무기력함을 깨고 나와야 한다.

내가 새벽마다 필사하는 분량은 원고 한 꼭지 분량과 비슷하다. 어떤 때는 조금 더 많이, 어떤 때는 조금 적게. 분량이 어떻든 필사는 날마다 내가 충실한 하루를 살도록 한다. 필사로 시작되는 하루는 정말로 충만하다. 책을 읽지 않거나 책은 정독해야 한다는 관점을 가진 사람들은 필사를 해보기를 권한다. 필사를 하면서 더욱 왕성한 집중력을 가지고 책에 집중할 수 있다. 특히 새벽 필사는 2배 이상의 효과성을 가지고 있다. 내가 작년 9월부터 본격적으로 필사하기 시작했고 지금 7개월쯤 되는데 책을 180권 이상을 읽고 듣고 그중에서 10권 정도는 전체 필사하거나 부분 필사했다. 이 짧은 기간에 이렇게 폭발적으로 책과 접하게 된 건 오직 필사 덕분이다. 필사가 키워준 집중력이 그 많은 책과 접하게 하였다. 오로지 나를 변화시키겠다는 의도적인 생각과 간절한 마음이 일으킨 결과다.

나는 이미 변화되었다. 1년에 책 한 권 읽지 않던 내가 하루라도 책 읽지 않으면 안 되는 존재가 되어버렸기 때문이다. 이미 나의 인생 2막은 시작되었다. 이전과 전혀 다른 더 멋진 미래로 이어지는 삶이 열린 것이다. 남편도 꾸준히 이북(e-book)으로 책을 듣는다. 남편도 책을 몇십 권은 족히 읽었다. 우리는 이제 책 읽는 부부가 되었다. 두 사람 사이에서도 책의 내용을 공유하며 더 많이 말할 거리가 생겼다. 남편도 더 멋진 미래를 꿈꾸고 있다. 우리의 인생은 40대 초중반부터 시작되었다. 지나간 세월 한탄하기보다 비록 늦었지만 지금이 적절한 시기라는 사실을 알고 있다. 이렇게 날마다 성장해가면서 우리는 더 행복해진다.

남편은 변화되었고, 이제 아이들 차례다. 아이들에게 책을 읽으라고 하면 아이들은 학교에서 많이 읽는다고 한다. 내가 봐도 우리 아이들은 책을 나보다 많이 읽는다. 나는 아이들 나이에 교과서 외에 어떤 책도 접하지 않았다. 그렇게 잃어버린 20년은 지금에 와서 나를 눈물 나게 만든다. 내가 이처럼 독서에 미치는 것도 그 맷힌 한 때문이다. 그러나 우리 아이들은 어릴 때 내가 읽어준 동화책만 해도 100권 이상은 되고 지금은 학교에서도 늘 선생님들이 수업 시작 전 책 읽기를 유도한다. 그래서 아이들은 점점 더 똑똑해진다. 이렇게 똑똑해지는 아이들을 따라서 날마다 책을 읽고 나도 더 지혜롭고 똑똑해져야 한다. 아이들 눈에 엄마 아빠가 같잖아 보이는 만큼 비참한 일이 없다.

학교에서 읽는 책은 학교에서 읽는 것이고 집에 와서 나는 아이들과 모여 매일 저녁에 『성경』 한 장을 한 구절씩 돌아가면서 읽는다. 또 30분씩 책을 읽는 시간을 가지자고 권한다. 아이들이 스마트폰으로부터 조금이라도 떨어져 있기를 바라는 마음이다. 특히 막내가 이제 초등학교 2학년인데 코로나 때문에 1학년을 제대로 다니지 못하여 읽기 기초가 약하다. 어려운 『성경』을 읽고 집에 있는 책 30분씩 읽기 시작하면서 말문이 조금씩 트여간다. 발음도 자꾸 읽을수록 또박또박해진다. 책읽기는 그 누구한테나 다 좋다.

나는 아이들이 대학교를 안 간다고 해도 책만 많이 읽는다면 굳이 보내려고 애쓰지 않을 것이다. 중1인 큰아이가 대학교 가기까지는 아직 시간이 있지만 책을 많이 보면서 자기가 하고 싶어 하고 좋아하는 일을 하라고 권하고 싶다. 꼭 대학에 본인이 가고 싶다면 적극 밀어주면서 역시 독서는 항상 가지고 가도록 습관을 들이기를 바란다.

지금 날마다 30분의 책읽기는 아이들에게 귀찮은 일일 것이다. 그러나 아직 아이들이 어리기 때문에 조금의 강요를 해도 괜찮지 않을까 싶다. 나처럼 하루 종일 독서하라고 하는 것도 아니고 30~40분 독서하라고 하는 것은 작은 독서 습관을 몸에 배도록 하기 위한 것이다. 이제 시작했으니 꾸준히 해나가면 습관이 될 것이다. 100일 정도 하면 자동으로 책 읽는 것이 정상이라고 생각할 수도 있다. 그렇게 책 읽는 습관이 어느 정도 익숙해진 후에는 필사를 시킬 것이다. 내가 필사를 하면서 느끼는 행복감을 그들도 느껴보기를 원한다.

전에 날마다 필사하는 엄마를 보다가 아이들이 필사를 하게 된 적이 있다. 그러나 작심삼일, 딱 3일 필사를 하다가 그만두었다. 내가 그 당시 계속 이끌어갔으면 좋았을 텐데 그러지 못했다. 다음에 다시 시작하여 아이들에게 필사를 하는 동안의 열정과 집중을 느껴보게 하고 싶다. 한 가지 일에 집중하여 파고들어갈 때 그 일에 대하여 빠른 성취감을 느낄 수 있다.

내가 그런 것처럼 아이들도 필사를 하면서 집중을 할 수 있다. 그러면 학업 성적도 더 좋아질 것이다. 꼭 학교 공부만 아니라 다른 여러 가지 필요한 책을 필사하면서 더 아름답게 성장해나가기를 바라는 마음이다. 세상 어느 부모가 자식이 아름답고 완벽하게 성장해가기를 바라지 않겠는가? 나는 안다. 아이들이 좋은 책을 필사해나가면서 더 완벽한 인격체로 성장해나갈 수 있음을.

필사를 하면서 차분해지고 목표의식이 강해지며 원하는 것에 열정을 쏟아부을 수 있고, 슬프고 화나고 짜증나고 불안하고 두려운 감정을 흘려보내고 인내심을 키우며 마음을 항상 책의 좋은 내용으로 채워나갈 수 있다.

필사를 하면 두려움이 사라진다

뉴스에서 많은 연예인들이 공황장애를 앓거나 다른 두려움에 떨고 있는 것을 볼 수 있다. 마약, 도박, 과음을 하거나 또는 다른 방법으로 자신의 두려움을 견뎌내고자 한다. 그러나 그렇게 한다면 그들은 공인으로서 공인의 책임을 다하지 못한 것이다. 잠깐의 잘못된 선택으로 그들은 자기 팬들을 배신한다. 본인도 스스로 나락으로 떨어진다.

나는 책 쓰기를 하기 전까지는 가난이 제일 두려웠다. 어릴 때부터 나는 가난을 모르고 살았다. 남들처럼 넉넉하지는 않았지만 학교에서 내라는 필수 금액은 한 번도 안 낸 적이 없었다. 부모님들이 어디서 빌려왔는지 모르지만 나는 필수 비용을 못 내서 선생님께 꾸중 들은 적이 한 번도 없다.

그렇게 곱게 자라서 그런지 나는 가난에 대처하는 방법을 몰랐다. 카드 결제일이 되면 항상 카드값 걱정을 했고 항상 월급은 통장을 스쳐 지나갔다. 언제 월급을 받았나 한다. 월급일에 통장은 바로 0원이고, 그러고도 더 나가야 할 요금들이 밀려 있었다. 항상 다람쥐 쳇바퀴 도는 삶이었다. 나는 이런 가난이 지독하게 싫었다. 한때는 로또라도 당첨되기를 간절히 바랐다. 그러나 로또는 아무나 당첨되는가?

나는 이런 삶이 제일 두려웠다. 공순이 삶은 미래가 없었다. 나가는 돈보다 더 많이 벌어야 모든 것을 갚고도 남는 것이 있을 텐데, 나가는 돈보다 더 많이 벌지 못하니 늘 불안하고 미래를 볼 수가 없었다. 미래가 없고 꿈이 없으니 사는 게 사는 것 같지 않았다.

"가난하게 태어난 건 죄가 아니지만 가난하게 죽는 것은 너의 잘못이다."

빌 게이츠의 가슴 때리는 말이다. 그러나 책 쓰기 전에는 어느 누구도 이런 가난을 벗어날 수 있도록 이야기해주고 독설 퍼부어주는 사람이 없었다. 나는 왜 죽도록 열심히 일해도 가난한지, 어떻게 가난에서 벗어날 수 있는지 알 수 없었다.

가난은 마음의 질병이다. 우리의 의식이 가난한 의식으로 되어 있어 의식을 바꾸지 않으면 우리는 가난에서 벗어날 수 없다. 열심히 일한다고 부자가 되는 시대는 이미 지나갔다. 열심히 일할수록 더 가난해지는 시대가 왔다. 의식을 바꾸지 않고 그저 열심히 사는 인생은 점점 더 가난해진다. 빈부의 격차는 점점 커지고 있다. 많은 사람은 왜 가난해지는지조차 모르고 가난에서 허덕인다.

가난에서 탈출하고자 해도 주변에 가르쳐주는 사람이 없기에 곧 포기한다. 될 대로 되라는 식으로 살아간다. 그냥 막연하게 열심히 살면 잘될 것이라는 망상 속에 살고 있다. 그러나 현실은 아주 비참하다. 부모 세대가 그랬듯이 가난하게 살며 또 자녀에게 가난을 물려주고 있다. 자식을 사랑하지만 어떻게 사랑할지를 모른다.

이제 우리 세대에서 가난을 끊어야 한다. 가난한 의식을 뒤집고 부유한 풍요로운 의식을 가져야 한다. 의식을 변화시키고 나서 우리의 삶을 바꾸기 시작해야 한다. 우리의 의식을 어떻게 바꿔야 하는가? 대부분 사람들은 어떻게 바꿔야 하는지를 모른다. 의식을 높이는 책들과 영상으로 의식을 높이고 확장시켜 원하는 결과를 좀 더 쉽게 이루어갈 수 있다.

평범한 사람은 가난에서 벗어나게 해달라고 기도한다. 그래서 기도할
때마다 가난에 집중한다. 가난에 집중할수록 우리는 끌어당기는 법칙에
의해 더 가난해진다. 그러면 가난에서 벗어나게 해달라고 하는 대신 풍
요에 대해 생각하고 말해야 한다. 항상 풍요로움을 주셔서 감사하다고
기도해야 한다. 또 질병에 걸려 질병을 두려워하는 사람은 질병에서 건
져주라고 벗어나게 해달라고 기도하지만, 역시 질병에 더 집중하게 되므
로 결과적으로 질병에서 벗어날 수 없다. 질병에 시달리는 사람은 질병
이 나은 뒤의 완벽한 건강을 말해야 한다. 그럴 때 우리는 완벽한 건강한
상태를 회복한다.

나는 이 사실을 알고나서 날마다 풍요를 주셔서 감사하다고 하나님께
기도한다. 하나님의 성령의 빛으로 이미 경제적 자유를 이루었다고 감사
기도를 한다.

『성경』에 감사가 196번 나오는데 132번은 구약에서, 64번은 신약에서
나온다. 데살로니가전서 5장 16~18절에 "항상 기뻐하라 쉬지 말고 기도
하라 범사에 감사하라 이것이 그리스도 예수 안에서 너희를 향하신 하나
님의 뜻이니라."라고 나온다. 하나님은 우리 인간이 기쁘고 즐겁게 살면

서 모든 일에 감사하기를 바란다. 기쁠 때나 슬플 때나 아플 때나 언제든 지 감사하기를 바란다. 감사는 두려움을 이기고 불안을 이긴다. 감사가 있는 한 두려움과 불안은 틈타지 못한다.

미래에 내가 어떻게 나를 지켜가야 할지 모를 때 불안하다. 직장도 농사도 불안하다. 그 어떤것도 만족을 줄 수 없다. 어떻게 빚을 갚을지 모르기에 불안하다. 어떻게 경제적 자유를 누릴지 모르기에 불안하다. 그렇게 항상 불안한 마음으로 근심걱정만 하고 있으니 되는 일이 없었다. 목표가 없고 방향이 없으니 불안했다.

이전에 나는 불안으로 가득 차 있었지만 지금의 나는 평화로 가득 찼다. 남편과 자녀와 조화롭고 각자 자신의 위치에서 엄마는 엄마대로, 남편은 남편대로, 아내는 아내대로, 아이들은 아이들대로 부모와 자녀가 조화롭다.

이 모든 것은 독서를 하고 필사를 하면서 의식 수준을 높인 결과이다. 의식 수준이 낮을 때는 자녀가 짐으로 보였지만 의식 수준이 높아지고 나서 자녀는 나의 보물이 되었다. 나의 의식이 높아지자 나는 천사적 존재이고 남편도 자녀도 이웃도 다 천사적인 존재로 보인다. 자녀에게 부모 된 나를 이해해주길 바랐던 나는 이제는 자녀들 속에서 나를 본다. 자녀들과 남편에게 나타났던 여러 가지 부정적 생각은 나의 결핍이었다. 이제 자녀나 남편에게 뭐라고 하기 전에 나 자신을 먼저 바꾸기로 했다. 나는 천사의 완벽한 모습을 가지기를 원했다. 완벽하기 위해 노력했다. 그러니 집일도 직장일도 자녀들에 대한 일도 점점 더 좋아지기 시작했다.

요양보호사 일을 할 때도 다른 선생님들은 치매 어르신들을 자신의 미래의 모습 또는 자신의 부모처럼 생각하고 대했다. 그들에게는 불평불만이 일기 시작했다. 그러나 의식의 수준을 그들보다 조금 더 높인 나는 그들 중에도 소중한 하나님의 영혼이 있음을 보았다. 그들도 한때는 잘나가던 시절이 있었다. 그들의 결점을 보기보다는 장점을 보았다. 내 눈에 들보를 보지 않고서 어찌 남의 눈에 티끌을 뭐라고 할 수 있을까?

그들이 비록 지금은 몸이 노화되어 기능이 제대로 유지되지 않고 있지만 그들은 분명 사랑해야 하는 한 영혼이다. 어르신들이 곧 육신의 장막을 벗고 자유로운 영혼이 될 것이라고 생각했을 때 나는 그 영혼들을 이해할 수 있었다. 머지않아 그들은 자유를 누릴 수 있을 것이라고 생각했다. 무조건적인 사랑의 대상으로 볼 때 나는 기꺼이 그들의 손발이 되어 드릴 수 있었다. 나는 그들보다 더 잘난 것이 없고 그들과 똑같은 하나의 영혼이었다.

필사하는 나는 행복하다

과거를 돌아보면 어릴 때는 행복했던 것 같다. 부모님이 성실하게 살았기 때문에 걱정을 하지 않으면서 온실 안 화초처럼 자랐다. 나름대로 행복했다. 그러나 점점 커서 세상으로 나오면서 온실 안 화초는 세상의 바람을 맞받으며 살기 힘들어졌다.

그러나 이기고 극복하여 나아가면 그것이 오히려 단단하게 된다. 들에 작은 풀꽃들도 바람에 이리저리 휘몰아쳐도 예쁜 꽃을 피운다. 나는 전에 작은 들풀을 보지 못했지만 요즘은 눈에 들어오는 작은 들풀이 너무 예쁘게 보인다. 꾸밈없이 건강한 작은 들풀의 삶이 좋은 것 같다.

나는 행복은 내면에서 느끼는 것이라고 생각한다. 어떤 한 가지 일을 놓고 보더라도 관점에 따라 행복하다고 할 수도 있고 불행하다고 할 수도 있다.

우리 교회에 다니는 한 남자 집사님이 계셨다. 그는 팔순의 나이에 등이 90도로 굽었다. 늘 교회에서 제일 큰 소리로 기도하고 '아멘!' 하신다. 그런 집사님이 몇 개월 전에 경운기 사고로 돌아가셨다. 사람들은 안됐다고 한다. 그러나 나는 사람이 영적인 존재임을 믿는다. 사후의 세계, 즉 영적인 본 모습으로 돌아가 아직 이 세상에 환생하지 않은 영적인 세상을 믿고 있다. 나는 그 집사님이 행복한 곳에 있다고 믿는다.

'나의 행복은 어디서 올까?'라는 질문을 가끔 한다. 경제적으로 어려움을 겪는 사람은 돈이 많아서 경제적 자유를 누리면 행복하겠다고 생각할 수 있고, 질병에 시달리는 사람은 건강을 되찾으면 행복하다고 생각할 수 있고, 권력을 원하는 사람은 권력을 잡으면 행복하다고 할 수 있다.

필사하면서 나는 행복에 대해 관점을 바꾸었다. 행복은 어디서 오는 것이 아니다. 행복은 바로 지금 나에게서 일어난다. 내가 하는 모든 순간이 행복이라는 것을 깨달았다. 행복은 멀리서 오는 것도 아니고, 저 멀리로 찾아가는 것도 아님을 깨달았다. 가짜 행복을 찾아 멀리 떠나면 가까이 있는 참 행복을 잃고 마는 것이다. 행복은 지금 이 순간에 있다. 행복은 어디 가서 구하는 것이 아니다. 오직 지금 이 순간 행복을 창조하는 것이다. 삶의 모든 순간순간, 행복을 구할 수 있다.

새벽에는 추워서 겨울 잠바를 걸치고 있다. 피곤해서 눈도 비비고 하품도 한다. 그러나 나는 행복을 위해 필사를 하고 원고를 써 내려간다. 꿈을 이루기 위하여 필사적으로 필사한다. 필사하면서 생각들이 정리되어 간다. 허망한 욕심, 허망한 꿈도 정리되어 간다. 그러면서 차근차근 한 단계씩 나아간다. 이런 작은 일이 보잘것없지만 내 삶을 단단하게 다져준다.

심리 상담 선생님이 나에게 가르쳐준다. 나는 뿌리가 약해서 큰 열매를 가질 수 없다고 한다. 그래서 나의 뿌리, 자아의 정체성을 단단하게 하라고 한다. 날마다 독서와 필사를 하면서 나는 내가 누구인지, 왜 사는지를 알아간다. 어둡던 나의 삶을 밝혀주는 등불이 있다. 그 등불을 바라보고 가면 목적지에 도달하게 될 것이다. 목적지에 도달할 수 있다는 믿음을 가자고 결국 목적지에 도달한다. 스스로에 대한 믿음이 없으면 아무리 옆에서 그 길이 바른 길이라고, 거기로 가라고 해도 갈 수가 없다. 앞을 바라보는 등불이 있어도 갈 수 있다는 믿음 없이는 갈 수가 없다.

나는 천사적 존재이며, '나는 모든 것을 할 수 있다'는 스스로의 믿음은 자존감을 높여준다. 독서를 하면서 스스로에 대한 믿음을 가지고 필사하면서 그 믿음의 씨앗을 키워간다. 스스로 멋진 미래를 만들어간다고 믿으면서 미래의 아름다운 열매를 상상한다. 상상의 힘을 이용하여 수많은 사람이 성공하였다. 나도 그들처럼 상상하여 원하는 것이 이루어지도록 필사를 한다. 날마다 기다리는 사람들에게 나누어주기 위하여 필사한다.

우울하거나 기쁘거나 두렵거나 슬플 때도 새벽 필사를 한다. 이 점에서 이미 많은 성장을 이루었다. 내가 나의 감정들을 다스린다는 것이다. 책을 읽기 전에, 책을 쓰기 전에 그때는 나는 감정을 다스릴 줄 몰랐다. 성나면 성이 나서 못하고, 슬프면 슬퍼서 못하고, 기쁘면 기뻐서 못하고, 아프면 아파서 못하고…. 핑계와 자기합리화의 연속이었다.

꾸준한 필사는 나를 핑계와 자기 합리화에서 벗어나게 했다. 행동력, 집중력이 생겼다. 감사가 넘쳤다. 긍정적인 에너지를 마구 끌어당기게 됐다. 나는 차분해졌다. 인내를 배웠다. 작가라는 꿈을 가슴에 각인시키고 또 각인시킨다. 꿈도 있고 방향도 있는 멋진 모습으로 조금씩 갖춰가고 있다.

필사하면서 점점 내가 원하는 모습으로 나를 만들어간다. 내가 주체되는 삶이 기쁘고 행복하다. 타인의 시선으로부터의 자유를 느낄 때 진정으로 행복하다. 내 행복은 내가 만드는 것이다. 필사하는 것도 내가 선택하고 시작한 일이다. 내가 좋아하고 기뻐하는 일인 만큼 나에게도 다른 이에게도 기쁨이 되었으면 좋겠다.

뜻을 세우고 오로지 한 방향으로만 전진한다. 얼마 전『무소의 뿔처럼 당당하게 나아가라』라는 아주 정열적인 책을 보았다. 그 책에는 목적을 향하여 열정을 가지고 돌진하는 코뿔소가 나온다. 그 모습이 아직까지도 생생하다. 정열적인 코뿔소, 수익이 발생하여 세금계산서를 작성하는 코뿔소, 직원들에게 팁을 줄 수 있는 코뿔소, 또 젖소와 양처럼 평범하게 살지 않는 코뿔소.

목표를 정하고 목표를 향하여 돌진하는 열정을 쏟아부을 수 있는 책이어서 읽고 SNS에 공유했더니 반응이 좋았다. 나도 코뿔소처럼 돌진하기를 원한다. 돌진할 때 저항은 줄어들고 에너지가 넘치는 삶을 살아갈 수가 있다.

『다산의 마지막 습관』중에 이런 이야기가 있다.

"학문의 요령에 대해 전에 말했거늘, 네가 필시 이를 잊은 게구나, 그렇지 않고서야 어찌 초서의 효과를 의심하여 이 같은 질문한다는 말이

냐? 한 권의 책을 얻더라도 내 학문에 보탬이 될 만한 것은 뽑아 기록해 모으고, 그렇지 않은 것은 눈길도 주지 말아야 한다. 이렇게 한다면 비록 백 권의 책이라도 열흘 공부거리에 지나지 않는다."

이는 다산이 아들에게 이야기한 내용이란다. 필사를 하면서 책에서 내 삶에 꼭 필요한 부분들을 필사하고 그 내용을 나의 삶에 적용해야 한다.

'배움이란 모방에서 시작해서 독창으로 나아가는 과정이다.'

필사는 모방이다. 필사는 또 다른 창조를 한다. 필사는 초보 작가에게 최고로 좋은 무기가 된다. 오늘도 나는 나만의 필사 방법으로 하루를 열심히 살아간다. 행복하다고 외친다. 필사할 책들이 많아서 행복하다. 필사할 준비가 언제나 되어 있어서 행복하다. 내가 좋아하는 분들과 필사 내용을 나눌 수 있어서 행복하다.

느려도 방향을 바로 잡고 그 방향에 따라 발전해나가고 있다. 필사는 느리지만 제일 단단한 독서법이다. 독서를 하고 싶은 사람들에게 꼭 한 번 권하고 싶은 독서법이다.

오늘도 정해진 양의 필사를 한다. '양이 많아지면 질로 승부할 수 있다.' 1만 시간의 법칙처럼 꾸준히 필사하고 독서하다 보면 멋있는 작가가 되어 있을 것이다. 필사라는 작은 습관으로부터 이어진 멋진 작가의 삶은 나를 행복하게 만든다.

필사는 나에게 맞는 가장 행복한 독서법이다. 오늘도 필사하는 나 자신을 축복한다.

필사하면서 인생을 선택하라

우리가 태어나면서 스스로 부모를 선택했다. 그때부터 우리는 늘 선택하는 삶을 살아간다. 갓난아기도 모유와 분유 중 스스로 선택한다. 우리 집에는 세 아이가 있다. 큰아이 때는 항상 젖이 모자랐지만, 큰아이는 늘 젖을 먹으려고 했다. 그러나 시어머님이 아기가 배고파서 악을 쓰는 것을 못 보시겠다며 아이에게 분유를 먹였다. 그때부터 아이는 짜도 짜도 잘 나오지 않는 모유가 아닌 쉽고 배부르게 먹을 수 있는 분유를 선택했다. 와중에 초보 엄마인 나는 기침으로 돌팔이 한의사에게 갔는데, 그 때문에 조금이나마 나오던 모유도 다 말랐다. 결국 큰아이는 2개월밖에 모유를 먹지 못하였다. 둘째는 나름대로 모유를 선택했지만 역시 5개월 정도 연년생인 언니가 병원에 입원하는 바람에 자연스럽게 모유보다 분유를 선택하게 됐다. 막내는 태어날 때부터 나를 엄마로 선택했다. 둘째 낳고 5년짜리 피임을 했는데 막내가 3년 반 만에 생겼다. 갓난아기 때부터 모유를 선택했고 분유는 일절 사양하면서 오로지 모유만 고집했다. 그는 결국 1년 동안 모유를 먹었다.

이렇게 갓난아기 때부터 각자 다 다른 선택을 한다. 나는 이전에 무슨 선택을 했는가? 나는 20대부터 40세까지 인생을 포기하는 것을 선택했다. 인생살이가 숨을 쉬는 것조차 힘들었다. 이 세상을 살아갈 용기가 없었다. 어려움을 헤쳐나갈 아무 능력도 없다고 자신을 제한하고 자신을 부정하면서 살아갈 힘을 잃어갔다. 날마다 부정적인 생각을 선택한 결과였다.

40대에 들어서서 20여 년 동안 낭비한 인생이 후회되었다. 이제 와서 멋지게 살아가고 싶었지만 단단한 바탕이 없기에 삶에서 아무것도 잘할 수가 없었다. 나는 날마다 눈물 나고 한숨이 나왔다. 날마다 후회하면서 왜 20년을 낭비했는지 자책했다.

그러면서 삶을 뒤집기로 결단을 하고 시작한 것은 책 쓰기였다. 책 한번 읽지 않던 나에게 책 쓰기가 말이 되는가? 그러나 나는 살기 위해 책 쓰기를 선택했다. 어쨌든 마지막으로 책 쓰기를 해보고 죽고 싶었다. 극도로 가난했지만 이왕이면 최고의 코치에게 투자해서 올바른 책 쓰기를 배우기로 선택했다. 그때부터 나의 인생이 역전되기 시작했다. 그때까지 아무것도 잘한 것이 없던 내가 최고로 잘한 것이 책 쓰기를 선택한 것이다. 책 쓰기는 나의 가슴을 뛰게 하였고 나에게 열정적인 도전을 하도록 이끌어갔다. 결국 나는 나의 이름으로 된 『새벽 독서의 힘』을 완성하였다.

요즘 여러 사람에게 사인해서 책을 택배로 보낼 때 가끔 머릿속에 내가 사인하던 기억들이 떠오른다. 마치 어디서 해본 것 같은 느낌이다. 잘 생각해보니 어릴 때 멋진 사인을 하는 작가를 꿈꾸던 시절이 있었다. 그때는 글을 쓰는 기자가 작가인 줄 알았다. 어떤 때는 빗자루 들고 기자들처럼 마이크 연습을 했고 어떤 때는 낙서를 하면서 사인을 한다고 했던 기억이 가물가물하게 난다.

이제 와서 보니 그것이 상상의 힘이었던 것 같았다. 네빌 고다드의 『상상의 힘』에 나온 대로 내가 상상하는 것을 눈앞에 생생하게 그리고 상상하면 그것이 현실로 구현된다는 것을 이제 와서 깨달았다. 내가 단기간에 작가가 되었던 것은 어릴 때 막연히 상상해왔던 일들 때문이었던 것이다.

꿈이 없었던 시절에는 자면서 꿈속에서도 길을 잃고 방향을 못 찾았다. 자녀들이 사라져서 찾아다니는 꿈을 꾸었다. 또는 시험 치는 꿈을 꾸는데 시험 끝나는 시간이 다 되도록 끝마치지 못해서 안절부절못했다. 항상 방황하는 꿈이었다.

그러나 책을 읽고 쓰면서 그렇게 방황하고 헤매는 꿈을 한 번도 꾸지 않았다. 책 쓰기를 하면서 꿈이 생기고 그 꿈을 향하여 달려가느라 바쁘게 살면서 이제 더이상 방황하고 헤매지 않는다. 꿈이 확실해지고 어떻게 살아야 할 것인가에 대한 확실한 방향을 찾은 것이다.

이제 40대, 나는 꿈을 꾸기 시작했다. 나는 멋진 베스트셀러 작가가 되기를 꿈꾸고 있다. 또한 작가에서 성공한 멋진 1인 기업가가 되고 싶다. 크루즈 여행을 가고 싶고 내가 좋아하는 일을 좋아하는 사람과 좋아하는 공간에서 같이 하고 싶다. 강연가가 되어 동기 부여가가 되고 싶다.

이런 삶을 살면서 직장에서보다 더 큰 월급을 받고 싶다. 내가 살림을 못하니 나를 도와 살림을 해주는 사람을 고용하고 싶다. 멋지게 성공한 엄마가 되고 싶고 남편에게는 멋진 사업가의 모습을 보여주고 싶다. 또 지난날의 나처럼 어둠에 헤매는 사람들에게 밝은 빛을 주고 싶다. 나는 점점 완벽해지고 싶다. 그리고 나는 정말로 날마다 모든 면에서 점점 더 좋아지고 있다. 꿈을 가지고 있으니 40대에도 열정 충만하게 하루하루를 살아간다. 아직 40대에게는 기회가 있다. 늦지 않았다. 아픔을 알고 단단해지는 40대라서 더 간절할 수도 있다. 어떤 사람들은 20대에도 꿈 없이 살았는데 뭐 이제 와서 꿈 타령이냐 하겠지만, 20대에 꿈을 못 꾸었으니 40대에라도 꿈을 꿔야 한다. 꿈이 있는 나는 날마다 멋진 모습으로 변해가는 나를 볼 수 있다. 나의 행복한 꿈을 선택하기 위해 다음과 같은 삶을 선택한다.

첫째, 내가 수고하는 것을 기쁘게 감내하여 필사하는 수고가 결코 수고가 아닌 행복한 순간임을 선택한다.

둘째, 많은 책들 중에는 소설도 있고 산문, 수필도 있고 기행문도 있고 여러 가지 책이 있다. 그러나 나는 의식과 영혼의 성장에 관한, 나의 의식을 높이는 책을 필사하기로 선택한다.

셋째, 나는 가정 안에서 가정을 우선으로 하는 행복을 선택한다.

넷째, 꿈을 선택해도 가정을 돌보고 자녀를 돌볼 수 있는 꿈을 선택한다.

다섯째, 꿈을 이루는 데도 게으름이 아닌 새벽 독서로 시작하는 방법을 선택한다.

여섯째, 나는 날마다 긍정적인 생각을 선택한다.

일곱째, 날마다 행복하다고 순간순간 선택하면서 행복하기를 미루지 않는다.

여덟째, 당장 생계를 위해 직장을 구해도 그나마 가정을 위한 시간을 가질 수 있는 요양보호사를 선택한다.

나는 오늘도 피곤하고 좀 더 자고 싶다. 그러나 꿈을 이루기 위해 새벽에 침대에서 벌떡 일어나는 것을 선택했다. 실행력이 중요하다. 좋은 아이디어가 나면 그것을 향한 행동을 하려고 한다. 작은 습관 하나에도 행복한 것을 선택한다. 나에게 없는 것보다, 나에게서 찾을 수 없는 것보다 내가 갖고 있는 것으로 행복을 선택한다.

지금도 나는 행복하다. 내가 선택한 남편과 나의 아이들, 생계를 위한 원하던 직장을 찾은 것도, 꿈을 이루기 위하여 열정적으로 하루를 시작하는 것도, 낮에 피곤함을 느껴 조금이나마 낮잠을 자는 것도, 지금까지 3개월째 이어지는 독서모임도, 왕성한 SNS 활동도 모두 나를 행복하게 한다. 행복하다고 생각하고 말할 때, 비록 현실의 삶이 어려워도 행복하다고 느낄 수 있다. 나의 내면이 점점 더 단단해져간다.

나의 정체성을 찾고 삶의 목표가 확실하고 가야 할 방향을 찾았으니 제대로 잘살고 있는 것 같다. 비록 지금 성장이 더디더라도 나는 나의 방식대로 성장해가고 있다. 내가 주체가 되어 인생을 행복하게 만들어가고 있다. 날마다 필사하는 작은 습관은 나를 작가의 삶으로 이끌어간다.

에필로그

『나의 삶을 바꾸는 필사 독서법』을 마무리 지으면서 지난날들이 생각
납니다. 책 한 권 읽지 못하고 삶을 짐으로 여겼던 지난날은 지옥의 연속
이었습니다. 이런 지옥에서 탈출할 수 있었던 것은 구세주가 내민 구원
의 손길을 잡았기 때문입니다.

〈한책협〉의 책 쓰는 과정을 배우고 의식의 변화를 일으키면서 자신의
존재를 인정하고 수용하고 축복하는 법을 배웠습니다. 또 돈 공부, 마음
공부와 부자들의 생각과 행동을 배웠습니다. 무엇보다 시간을 소중히 여
기고, 가난한 사람을 자극하고 동기 부여하는 모습은 수많은 수강생에게
그렇듯 나를 가슴 뛰게 했고, 덕분에 날마다 감사하는 삶을 살아갈 수 있
었습니다.

감사하면서, 모든 문제는 선순환으로 돌아가기 시작했습니다. 날마다

이미 이루어진 꿈의 모습을 상상하면서 감사하며 행복한 감정으로 자신을 채우고 있습니다.

필사하면서 나는 행복합니다. 행복한 삶을 창조하기 위하여 행복한 일에 집중하고 오직 원하는 것에만 집중했습니다.

따라서 더이상 나에게 원하지 않는 것들이 다가올 시간이 없습니다. 부정적이고 나쁜 감정들이 이때까지 '껍딱지'로 붙어 있었고 '나'의 주체처럼 '나'를 지배하고자 했던 그 생각들은 이제부터 진짜 주체인 나에게서 떨어져 나갔습니다.

나는 아름다운 이상만을 추구합니다.

나를 작가로 만든 필사는 내가 갖고 가야 할 영원한 자산이고 무기입니다. 나는 오늘도 필사하면서 '행복하다'고 외칩니다.

『나의 삶을 바꾸는 필사 독서법』은 책을 한 권 읽지 못하던 사람에게도, 또는 독서를 꾸준히 하지 못하는 사람에게도 의도적인 필사를 하라고 권합니다. 책 읽기는 금방 습관이 될 것입니다. 이 책이 초보 독자에게, 또 예비 작가에게 많은 도움이 되길 바랍니다.

강렬한 끌어당김의 법칙에 의해 김도사님을 끌어당겼기에 모든 성취에 대해 김도사님께 영광 돌리고 싶습니다. 나의 삶을 통째로 바꿔주신 김도사님, 권마담님 늘 감사하고 사랑합니다.